# ELOGIO DEL ARTISTA

## JOSÉ PÉREZ OLIVARES

# ELOGIO DEL ARTISTA

## (Antología poética)

*Selección y prólogo de* José Manuel García Gil

RENACIMIENTO

www.editorialrenacimiento.com
BUGANVILLA, I • 41907 VALENCINA DE LA CONCEPCIÓN (SEVILLA)
tel.: (+34) 955998232 • editorial@editorialrenacimiento.com

Diseño de cubierta: Marie-Christine del Castillo

DEPÓSITO LEGAL: SE 1107-2025 • ISBN: 979-13-87552-86-2
Impreso en España • Printed in Spain

# EL ARTISTA COMO POETA

Todo texto explicativo o con visos de presentación que intente agregarse a un conjunto de poemas corre el riesgo de convertirse en una impertinencia o en una necedad inútil. No es mi propósito presentar a José Pérez Olivares (Santiago de Cuba, 1949), ya de suyo de reconocido prestigio –aunque algo invisibilizado– como poeta y pintor desde hace años tanto en Cuba como en España, ni alabar con fuegos de artificio su poesía y menos aún explicarla. Al menos eso la vida se ha encargado de enseñarme: cómo evitar caer en ese tipo de tentaciones.

Lo que deseo en estas líneas es apearme del trasiego cotidiano de las prisas y aburridas gestiones para compartir algunos datos del poeta y unas impresiones obligadamente breves y muy personales –pero transferibles– acerca de estos poemas suyos, escritos a lo largo de casi medio siglo, para decir, en primer lugar, que Pérez Olivares, su poesía y su pintura –la pintura en su poesía, la poesía de su pintura– son parte de mi vida y un referente de mi quehacer literario desde hace cerca de treinta años. Que su amistad me es necesaria y valiosa, que su tozudez, su generosidad, su elocuente sabiduría, su sentido de la ética, su carácter insurgente, sus filias y sus fobias, su particular delirio cubano y su cariño de amigo, todas esas cosas y muchas más que no quiero nombrar ahora, hacen que José Pérez Olivares sea para mí un alto ejemplo, imposible de seguir como es obvio, pero de indispensable frecuentación. Gracias a él y a otros, muy contados, espíritus que perpetuamente recrean el mundo a la insaciable imagen y semejanza de su entendimiento del arte y de la creación, la vida puede seguir soportándose sin arrepentimientos ni escapatorias.

Pero no es solo esto lo que quería decir. Mis palabras deben ser hospitalarias y servir de invitación para entrar en el mundo de estos poemas, para que el lector sepa, al menos, que de no hacerlo corre el riesgo de perderse un universo cuya belleza, precisión y humana condición, no se dan ya por estos pagos ni por estos tiempos –cada vez peores– para la lírica. Pérez Olivares es un artista cuando en la soledad pinta o escribe. Lo aprendió cuando era niño en su colegio de Santiago de Cuba y luego al subir los escalones de la Escuela Nacional de Arte con 18 años. Entonces se dio cuenta de que era el camino del arte, su camino. Un destino forjado en su pensamiento y en su imaginación desde aquellos días hasta estos otros donde vive, trabaja y crea en un pueblecito cercano a Sevilla. Ya se lo susurró Rafael Alberti, visitante frecuente de sus lecturas gozosas, en aquellas palabras introductorias de la edición de 1948 de A *la pintura (poema del color y de la línea)*: «Mi adolescencia: la locura / por una caja de pintura». Para luego confesar «la sorprendente, agónica, desvelada alegría / de buscar la Pintura y hallar la Poesía».

A finales de los 70, cuando se retomaban ya «desde posiciones más sosegadas y abiertas», aquellos aspectos de *Orígenes* que tenían que ver con «la angustia, el miedo, la cercanía afectiva del mundo cotidiano y la búsqueda del pasado», un poeta destacaba entre los de esa última generación. Llegaba de la pintura del mexicano José Luis Cuevas e iba los versos inesperados de Eliseo Diego, de los azules de Picasso a la descarada ternura de Heberto Padilla. Inscrito en la rica tradición cubana de poetas y artistas visuales, que tiene como uno de los antecedentes más remotos a la eternamente adolescente Juana Borrero (La Habana, 1877-Cayo Hueso, 1896) y, más próximos en el tiempo, a Julio Girona (Manzanillo, 1914-La Habana, 2002), Fayad Jamís (Zacatecas, 1930-La Habana, 1988) y Pedro de Oraá (La Habana, 1931-2020), José Pérez Olivares, depositario de esa misma tradición jánica, ha expuesto como pintor su obra plástica en Cuba, Colombia y España y como poeta publicado trece títulos, siete de ellos en su país natal, donde recibió el premio David y el 13 de marzo en 1982 y 1985, respectivamente. El resto ha visto la luz en España, donde ha sido galardonado con los premios de poesía Jaime Gil de Biedma (1991) por *Examen del guerrero*, Rafael Alberti (1993) por *Cristo entrando en Bruselas*, Renacimiento (1998) por *Háblame de las ciudades perdidas* y Hermanos Machado (2014) por *A la mano zurda*.

Poesía y pintura son dos prácticas que, partiendo de su común esencia artística y de las diferencias formales que guardan, Pérez Olivares funde, en una sola pieza, con relativa naturalidad. Las comparaciones entre ambas dedicaciones constituyen un tema constante en los tratados de arte. Una célebre expresión de Horacio extraída de su *Ars poética* sirvió durante siglos para denominar este tipo de alianza: *Ut Pictura Poesis*. O como precisa el célebre poeta Simónides de Ceos: la pintura como una poesía silenciosa y la poesía como una pintura que habla. De estas ideas surge la poesía ecfrásica como un homenaje de las palabras a las imágenes.

Sin embargo, Pérez Olivares no se entrega propiamente a la práctica de la poesía ecfrásica, o al menos no en su formulación canónica, esa vertiente estilística y temática celebrada en la obra de Manuel Machado y de Rafael Alberti, por ejemplo, que nos revela la comunión momentánea que se da entre el verso y el cuadro. El poeta cubano no se parece a ninguno de ellos, aunque junto a ellos bien podría formar la mejor terna de poetas de habla hispana que, en el siglo pasado y lo que va de este, entendieron y expresaron esa transformación del tiempo pictórico en espacio verbal. Pero decíamos que, aun admirándolos, el poeta cubano reúne frente a ellos una serie de especificidades que los lectores debieran conocer.

Andréi Tarkovski, tan admirado por Pérez Olivares, decía que cuando hablaba de poesía no pensaba en un género artístico, pues la poesía era para él una conciencia del mundo, o lo que es igual, un modo de relacionarse con la realidad, ya que la poesía, en su sentido más amplio, es una filosofía que nos orienta a lo largo de la vida. En esa dirección, el poeta santiaguero concibe los poemas reunidos en esta selección cuyo título, *Elogio del artista*, reivindica frente a los displicentes, convencidos de que el arte ha muerto, y frente los pasmados, que se extasían ante todo y ante todos y confunden arte y espectáculo, al artista verdadero e intemporal. Aquel que defiende su obra plástica y literaria como un todo que converge con la historia y, como apunta Martín Heidegger, aquel para quien la poesía es la única capaz de experimentar lo inexpresado por medio de un pensamiento lúcido. No solo respecto a la calidad de lo que uno escribe o pinta, cosa relativa, sino con relación a su representatividad; es decir, si esas obras escritas o pintadas aún tienen algo que ver con el hombre que las hizo.

El arte no existe para repetir el mundo, sino para recrearlo. Dar vida a una imagen detenida sobre un lienzo, pensar en la historia que hay detrás de la obra pictórica y que no se ve, es expresar los múltiples movimientos del espíritu que aún no han sido parte del presente de la humanidad. En este sentido, Pérez Olivares es un explorador de esas vidas y dispone su caja de palabras para tomar de las líneas, de los trazos, de los colores, de las manchas que bosquejan el sentido más íntimo del ser, la raíz sentimental de la historia que se esconde detrás de las expresiones de un rostro, de las energías que transmite, de los territorios inexplorados por el propio artista que proyectó su obra. Su poesía, en ese sentido, se convierte en una poesía capaz de captar lo que el ojo no pudo ver o lo que la mano no supo pintar.

En 1874, año de la primera exposición de los impresionistas, Édouard Manet presentaba en el Salón de París su obra *El ferrocarril*. El impacto fue notable. El cuadro muestra una niñita que mira entre rejas y a su hermana mayor sentada a su lado. No hay ningún ferrocarril. El título no se corresponde con lo que muestra y si de verdad hay un ferrocarril, su imagen queda velada, escondida e inaccesible. La tensión entre lo que se promete y lo que se ve incita al espectador a buscar una explicación. Como Manet, Pérez Olivares construye en estos poemas, a partir de su mirada poética, «su» propia explicación de esa representación que otro artista distinto del poeta hace de la realidad, de «otra» realidad. Sus versos exploran «lugares en los que transcurrió un cuerpo desconocido», «cosas remotas», tiempos que duran siglos. Espacios y épocas donde se generan sensaciones y pensamientos entonces inexistentes. Es en ese hecho único que es la obra de arte donde la poesía adquiere la forma de historia.

Si hay un poeta que encaja con el gusto poético de Pérez Olivares es Jorge Luis Borges quien, en su poema dedicado a Jonathan Edwards, escribe en una línea casi perdida: «Hoy es mañana y es ayer». Tal afirmación revela lo que, en el poeta cubano como en el argentino, es una preocupación constante: la historia, precisamente. El tiempo, no solo como una entidad metafísica de sus creaciones poéticas, sino como el espacio donde se presentan y representan los hechos de la humanidad. No se queda, por tanto, Pérez Olivares en la epidermis del lienzo o de la piedra. Aspira a su historia, a la vida de las personas que en él se representan antes que al hecho estético: la materia constitutiva del presente y el presente como una suma de aspiraciones. Sean las de los enanos y bufones velazqueños de la Corte, las de las prostitutas de Munch o Toulouse-Lautrec, las de las bailarinas de Degas, la del pueblo de Breda, las de las criaturas que habitan los jardines de El Bosco, las de las figuras de piedra viva o silueteadas en las paredes de una gruta que acoge las primeras manifestaciones del arte. En síntesis, las historias implícitas de amor, asombro, miedo, ternura, sueño, soledad o muerte que hay en todas ellas: «Pinto, / pinto sin cesar a mis criaturas / con la misma tenacidad / con que la muerte las devora».

Pérez Olivares lleva al poema lo elemental —el viento, la lluvia, la soledad de los caminos, el resplandor del sol, el estruendo de los árboles, las calles bulliciosas, las escaleras crujientes, los crespúsculos nunca semejantes— y lo elemental que es, ante todo, diferencial de una realidad en la que el poeta nos muestra las escenas íntimas del misterio, el extrañamiento o la exaltación fijándolas en una inquietante quietud, en un latido de alucinación helada, en una eléctrica confabulación de líneas y versos que otorga a ese desfile de cuadros y pintores un estremecimiento nuevo, un lirismo con luz de alba seminal: «El arte nos sueña tal como somos, / nos libra de oscuras representaciones / dándonos un rostro / y llenando nuestros puños de semillas».

Ya sea como sentimientos pensados, ya como pensamientos sentidos, la obra de arte es reinventada y reanimada y las imposibles reflexiones del pintor o de sus personajes son rescatadas en estos versos. Y fruto de esa imprescindible colaboración entre el pintor y el poeta, Pérez Olivares se convierte en Judas o en Velázquez o Leonardo da Vinci; es Ofelia, Goliath o es la Lidia Delektorskaia pintada por Matisse o los esposos Arnolfini de Jan van Eyck; él es Claude Monet y, también, André Derain frente al puente de Charing Cross: «El puente abrirá su boca / para narrar toda su vida». Y el poeta, como un rey disfrazado, se pasea por ciudades jubilosas, perdidas, hostiles, desafiantes, asediadas por guerras donde los hombres se alzan con la victoria o son derrotados, donde se festejan los triunfos de la vida y se respira el silencio de lo sagrado.

Puede que el poema se convierta entonces en una búsqueda de lo desconocido, de algo que reposa en el seno de la experiencia, pero no se puede señalar ni describir sin que lo pintado resulte alterado a causa de algo que, sin embargo, está contenido en él y que gracias a esa experiencia nos salta a los sentidos. Un cuadro no puede describir lo que en él está ausente, pero el lenguaje poético sí, y este es uno de los aspectos impresionantes de estos poemas de Pérez Olivares, el deseo de saber más de lo que la pintura seguramente puede registrar y, en último extremo, el que conseguirlo dependa de las propiedades especulativas del lenguaje. Alberti, de nuevo, lo decía de manera hermosa: «Yo soy un poeta para quien los ojos son las manos de su poesía».

No es Pérez Olivares un poeta sensual, ni un creador de versos coloristas, recargados y halagadores al oído. No se regodea en los significantes. Da más importancia a lo que va a decir que a lo que va a representar la imagen plástica. Tampoco es un poeta culturalista y ensimismado. El arte por el arte le interesa más bien poco.

Cuando leemos estos poemas encontramos en la página que la contemplación de la obra artística forma parte de su experiencia completa de la vida: «Las fronteras del arte no conocen edictos, / es el único país donde todo es posible».

No se trataba, por fortuna, de elaborar de repente una guía de lectura para estos poemas sino de invitar con estas líneas a conocer un segmento de una poesía, la de José Pérez Olivares, de un valor indiscutible. Un segmento que, aunque nunca disperso, porque constituye un eje central de su creación, sí que es verdad que se reúne como conjunto por primera vez. Poner al alcance de los lectores de poesía, los de siempre y los que estén por llegar, esta selección de poemas que son, hoy por hoy, difícilmente rastreables, es un acontecimiento mayor. Y es, añadiría, sin temor a equivocarme, lo que para Stendhal era el arte: una promesa de felicidad. El poeta se para ante un cuadro o una escultura, los contempla, medita y nos ofrece su reflexión en estos textos. Toca que sea ahora el lector quien, con todos los sentidos dispuestos, se coloque frente al poema para que la promesa se cumpla.

JOSÉ MANUEL GARCÍA GIL

# ELOGIO DEL ARTISTA

*A Elsa, por este medio siglo de poesía y vida en común.*

## MUCHACHA DEL FAYUM
### (Siglos II-III a.n.e.)

Vienes de la noche y del tiempo.
        No sé quién eres,
qué buscan tus grandes párpados extraños.

Recorro con el dedo tu piel,
        la siento cálida,
                        distante
en las arenas del Fayum.

¿Cuántos siglos atrás
        te inmortalizó el pintor?
—Dicen que fuiste una intocable,
que viviste en el silencio de los dioses,
que amaste cosas
                        incomprensibles
                                    para mí.

Ahora, sobre la tierra calcinada,
en el polvo de tus antepasados,
en el viejo esplendor de tus dioses
te hallo con esa mirada
que recuerda la humedad de las horas.

Vienes de la noche y del tiempo
            y estás viva:

Bailarás otra vez
a la luz de las antorchas.

## MAÎTRES DE LA PEINTURE

Los grandes maestros
no te conocieron.
Pero eres como un ciprés de Van Gogh,
    y a veces
como los azules lluviosos de Monet.

A tu lado,
    ¿qué son los amarillos de Derain,
los violetas fugaces de Matisse,
    el verde resplandor de Chagall?

Tus ojos
tienen el mismo encanto
de un paisaje fauvista.

Mujer,
tú que echas por tierra los ocres
    de Paul Klee

y dejas sin brillo
    las tempestades de Kandinsky,
a ellos no les alcanzó la vida.

Naciste de sus viejas esperanzas.
Amaron y enloquecieron pintando
mientras cruzabas —sin saberlo—
como un relámpago en medio de sus telas.

# GUERRERO DE RIACE

La gente lleva en andas tu desnudez
lavada por el Jónico.

Dicen que eres hijo de Fidias,
    el insomne
enloquecido por los misterios
                de la piedra.
Dicen más,
    que tu estatura
tenía por destino
    el frontispicio de un antiguo templo,
adonde la tormenta impidió que llegaras.

Descubro asombro
en el ámbar de las pupilas.
Imagino que han visto
                ciudades magníficas
y el derrumbe de los imperios.

¡Cuánto más no verán
a la vuelta de los siglos!
(Cualquier cosa es posible
en la piel del bronce).

Vivirás asediado,
    hundido en el estrés de las grandes urbes,
no como los inmortales hijos
    de Poseidón, Zeus o Apolo.

Es tu momento, guerrero.
La gloria de ser llevado
    por la multitud,
te hace creer que vuelves victorioso
    del combate.

## PARA ESCRIBIRLO
## EN LA TUMBA DE UN PINTOR

Aquí yace
el más deslumbrado de los hombres.
Amaba las piedras,
la soledad de los caminos,
el extraño fulgor de la luz.
Nadie supo los misterios
de su mirada, siempre fija,
siempre atenta a los secretos.

El mundo nace
donde están colgados sus cuadros.
Pintó y repartió sus obras
entre amigos y mujeres.
Hoy se pasean por museos
que nunca conoció,
                        nunca conocerá.

Los pueblos lo nombran.
Los niños estudian sus temas.
Los pintores copian su estilo.
(Su estilo sólo fue pintar
    de la mañana a la noche).

Envejeció soñando
que sería un pintor famoso.

Y lo es.
Con él se apaga el viejo siglo.
Con él agonizan para siempre
los mitos de la tierra.

# JARDÍN DE LAS DELICIAS

TENGO la esperanza, Hieronymus,
de que el mundo será algo más que ese jardín
que pintaste en noche de locura.

No es fácil
porque los amantes encerrados en su huevo de cristal,
y todos los seres que tú quisiste desnudos y libres
    no serán
los que aún tocan el viejo tambor,
ni los que quemaron a Giordano
                        por joven y libre.

Tengo la esperanza y la pongo aquí con letras
porque vi tus ojos medievales
mientras pintabas un mundo de insomnio y maravilla,
un mundo
donde el amor sea para siempre
la única y verdadera medida
                     de todas las cosas.

# CRÓNICA MILITAR

MAX Ernst –pintor alemán–, y Paul Éluard –poeta francés–
pudieron haberse asesinado fría y calculadamente.
El pintor, enrolado en las hordas del kaiser,
y el poeta, casi adolescente, en la trinchera aliada;
ambos en medio de los obuses, entre las esquirlas, llenos de odio,
                    de terribles sufrimientos.
El artillero Max Ernst pudo haber destrozado tranquilamente
                al soldado Paul Éluard,
y la humanidad nunca habría conocido a su mejor poeta.
Si Paul Éluard hubiera apuntado un poco mejor con su fusil,
de la cabeza teutona de Ernst
        no habrían salido todas las maravillosas fantasmagorías
            que lo hicieron inmortal.
La muerte pasó silbando por el fuego de las trincheras;
se llevó ese día a centenares, a miles de hombres que odiaban
           y que también tenían miedo de morir.
La muerte vio a Paul Éluard pálido entre las explosiones
y le acarició ásperamente el rostro.

Se metió después en las filas alemanas
y preguntó con rabia: «¿Dónde está ese maldito de Max Ernst?».

Y la voz era espantosa, llena de un odio todavía más sordo
que el rugido de todas las gargantas que morían.

# PARTE DE GUERRA

*para Cintio Vitier y Fina García Marruz*

Un destacamento de feroces surrealistas
atacó por sorpresa una aldea de pacíficos pintores
    abstractos de la vieja escuela.
Resultado de la acción: 10 pintores suprematistas
    asesinados,
8 constructivistas heridos
y 30 cuadros consumidos por el fuego.
En represalia,
un escuadrón de pintores comandados por Piet
    Mondrian
destruyó un polvorín de la armada dadá
con un saldo de centenares de muertos, heridos y
    prisioneros
entre los que se encuentra el estado mayor de Zúrich.
En el frente alemán
tropas expresionistas resistían el asedio de futuristas y
    cubistas.
Se reportan un tanque cubista destruido

y cuatro aviones italianos derribados.
Fuentes bien informadas aseguran
la inminente entrada en combate
de la poderosa escuadra académica del siglo XIX,
poseedora de una nueva y poderosa arma de exterminio:
la pintura nuclear.

## LA ALEGRÍA DE VIVIR

Todo el placer está en los cuadros de Matisse:
el resplandor del sol, el estruendo de los árboles,
la ensordecedora algarabía de la gente
danzando, desnuda, en una playa.

Es cuanto cabe decir.
Y el mundo lo sabe:
      desde el millonario hasta el idiota,
      desde el usurero
      hasta el que secuestra un avión
      con una bomba en la mano.

Cualquiera sabe que Matisse vivía deslumbrado por la
    luz,
y que su muerte fue anodina como esos rostros y esas
    cafeteras que él pintó
(sólo la vida, porque la muerte es otra historia).

Y ahí están sus cuadros, rabiosos de luz y fantasía,
como una extraña zona de calma
          entre el millonario y el idiota / el usurero
          y el que lleva una bomba en la mano.

# A LA MANERA DE LOS ANTIGUOS

La venus de Trasimeno, y la de Dolni Vestonice (hecha
   de arcilla),
y las imágenes antropomorfas talladas en colmillo de
   jabalí, de oso
y la cabeza de caballo salvaje, en hueso (con una mueca
   sonriente),
y los renos nadando en el río —según el grabado de la
   cultura magdaleniense.
Y el bisonte de piedra, en la sala grande y fabulosa de
   Lascaux
donde están los animales en fuga,
y los guijarros de la cultura auriñaciense
con escenas que recuerdan las pinturas del siglo xx,
y todas las figuras humanas de Monte Pellegrino
con el recolector de miel atacado por las abejas,
y más allá, el dibujo de dos alces en tareas de apareamiento,
y el rostro humano tallado hace miles de años en un
   bloque de granito,

y los hombres y mujeres enmascarados de Tasilí
que algunos dicen que son seres de otro planeta,
sirven para que tú y yo nos amemos
como se amaron los antiguos,
                              a la sombra de las vasijas de barro
y los restos de las civilizaciones,
con un amor sencillo, testimonial,
como todo lo que el ser humano hace
volviendo los ojos hacia la tierra.

# DEFENSA DE JACQUEMIN

Pienso en el artista
que pintó tan bellos naipes.
Y en la suma irrisoria
que el *bienamado* Carlos VI,
    pagó a Jacquemin
(consta en un folio
firmado por un tal Charles Poupart,
    que el tiempo se tragó).

Pienso en esta pequeña obra
para disfrute de un rey
vencido por la tiniebla.
Obra inerme frente al elogio,
frente a la abulia,
a la estúpida avidez.

Abramos la boca
para compadecer a Jacquemin.

Vivió en medio de intrigas
y de guerras por el poder.
Vivió acosado
por el brillo de unas pocas monedas.
Murió,
        quién sabe dónde,
                ni cuándo.
No hay una oscura lápida que diga:
    «Aquí yace Jacquemin,
    pintor del rey».

# PROSTITUTA

(Edvard Munch, óleo sobre lienzo, 1894)

¡QUÉ dirán los señores de levita
si te ven con los brazos lánguidos
en una pose que invita al amor!
¡Qué dirán doctores y curas,
las damas de rígido copete,
si husmearan por el ojo de la cerradura
y vieran tu cuerpo, a medio vestir,
echado sobre una cama.

Fuiste escándalo público,
maldición de la familia.
Pero nada te importa.
Ni la burla ni el odio,
ni el asco o la demencia.
Eres, simplemente, prostituta.
El mundo te hizo así,
Pasó encima de tu cuerpo,

lo abrió de par en par
para lamer sus néctares y efluvios.

El mundo te echó encima de una cama
para exclamar después:
*¡¿Cuánto tiempo va a dormir su borrachera*
    *la prostituta?!*

Sigues ahí.
Tu cuerpo es un libro
que el viento hojea a su antojo.
Tu cuerpo es sitio de fatigas
    y lejanos terrores.
En ese cuerpo los siglos arden
    en espesa humareda.
En él hay rostros de suicidas,
campos de exterminio,
fusilamientos en masa.

En ese cuerpo,
donde hay ternura y ferocidad.

# EN BUSCA DE EDVARD MUNCH

En Oslo
no sentí el horror de Munch
ni vi la boca abierta
—grande como una O—
tragándose poco a poco la tarde.
Bebí cervezas
mientras muchachas de ojos nórdicos
hablaban y reían a la luz de los parques.
No vi en cada esquina
las pesadillas del pintor,
sólo el rostro de los inmigrantes
resultaba ajeno,
tristes piedras de países extraviados.
En calles bulliciosas
busqué al viejo artista
        y no lo hallé,
                        dije su nombre
y alguien señaló un museo

(todo cuanto queda de él,
cuanto dejó para la gente
demasiado absorta en sus problemas).
En el puerto, sobrevolado por gaviotas,
    lo volví a nombrar,
pero las aguas frías jamás se abrieron
y me vi obligado a buscar otra pista
en los espectros de la calle Karl Johan.
Quiero decir
que el hombre un poco místico
que puso tristeza
en grandes manchas verdes y oscuras
era la sombra que yo creí percibir
en el verano y la muchedumbre
que buscaba el sol.
Un nombre que yo repetía
para tener la certeza
de que los artistas son mortales.

# ÉLOGIO DEL ARTISTA

CREO en la enigmática criatura
   de las cavernas,
en su hambre,
su miedo razonable al rayo, al frío
   y a la muerte.
Creo en su mirada a veces feroz,
en las que aún no eran manos,
en el cuerpo semidesnudo
cubierto con la piel de un animal cualquiera.

Creo en el que llenó de estampidas
las paredes del inhóspito Tassili
y que, en medio del desierto,
sin saber que era un artista,
sin esperar de la vida
más que la alegría del sol,
convivió de forma elemental y pura.

Creo en el extraño brillo de sus ojos
que cien mil años atrás
quedaron fascinados
por el insomnio del bisonte.

# POR TOULOUSE-LAUTREC

Aн, Toulouse, el de los boulevares,
el de las prostitutas alegres.
En esos cuadros está la historia del mundo,
la parte más triste y enferma.

Ah, Toulouse, con su pequeña estatura
    entre tanto espantajo,
tanta música loca, cadavérica tripulación.
Si no tuvieras el alma blindada,
si no fueras Toulouse-el-enano,
habrías vomitado el colorido infernal
    al que nos acostumbraste
enamorado de una época sorda.

Dentro de mil años
cuando en vez de ojos digan que tenías
    dos ascuas,
los niños irán a la tumba

donde dejaste aquel sombrero hongo,
aquellos pantalones demasiado grandes,
aquel frac que me recuerda a Charlot,
para decirte
a nombre de todos nosotros
la última oración del siglo.

## NOTAS DEL ENCUENTRO DE DOS VIEJOS
## AMIGOS CON FONDO DE CIUDAD

ANDRÉ Breton y Wifredo Lam
van de brazos por La Habana.
Breton lleva pantalón a cuadros,
Wifredo, una boina de la Guerra Civil.

Caminan ensimismados,
como si el tiempo no existiera.

De vez en cuando,
el cubano se detiene, hace un gesto
que su íntimo amigo comprende enseguida.
Después siguen viaje
sin reparar siquiera
en las colillas humeantes que lanzan
los jubilados del Paseo del Prado.

A la altura de la Catedral, otra seña,
un nuevo murmullo,

la marcha interminable.
Atraviesan la bahía.
Ahora danzan sobre olas fosforescentes.
(Los pasajeros de Regla y Casablanca
se detienen a observarlos).

Desde el malecón,
Picasso suelta palomas negras
y Robert Desnos
acaricia la crin de un caballo
recién pintado por Víctor Manuel.

Añado que el aire es a veces púrpura
y que un trueno, cada diez segundos,
rompe la quietud de la noche.

## RETRATO DE LIDIA DELEKTORSKAIA
## PINTADO POR MATISSE


Querida Lidia,
en el cuadro aparece usted con un rostro
mitad azul / mitad amarillo.
El pintor quiso verla así,
entre grandes manchas despiadadas,
ojos que perforan la tela,
labios que no necesitan despegarse
para conocer sueños, melancolías, desastres de mujer.
El azul significa lo que él ignoraba de usted
(y tal vez ignoraba usted de sí misma).
El amarillo es el lado claro, todo
cuanto podemos leer, de un vistazo, en el rostro de la
    gente.
Las líneas, duras y contrastantes,
demuestran un carácter firme,
capaz de hacer visibles los relámpagos de adentro,
todas las galerías del alma.
(¿Quién era usted

que ahora permanece juvenil y hermosa
   con una semi sonrisa,
   con una casi tristeza
en el retrato que exhibe El Ermitage
   entre innumerables tesoros?)
Sólo sabemos el nombre: Lidia
   Delektorskaia, y una fecha distante, 1947.
(Óleo sobre tela, 64,3 x 49,7 cm).
Extraños son los misterios del arte.
Podemos hablar con líneas y colores
que se traducen en bocas,
hacen posibles ojos y cabellos,
convierten en realidad trazos rabiosamente emotivos
para que hablen de cosas remotas
de lugares en los que transcurrió un cuerpo desconocido.
Bebamos a la salud de Lidia Delektorskaia.
Deseémosle buen viaje al país del insomnio:
Ojalá nos aguarde siempre con su rostro mitad azul /
mitad amarillo
y esos ojos espléndidos
en los que caben todos los anhelos.

## RETRATO DE LOS ESPOSOS ARNOLFINI
## Y OTRAS CONSIDERACIONES


POSARON conmovidos por la extraña luz
y el resplandor de las telas
cuyo roce despierta hondos suspiros:
él con la frente hundida en graves reflexiones,
ella con el vientre abultado,
a la espera del hijo
    que no ha nacido aún para el arte.


Llevan 553 años delante del caballete
(¡quién diría que un cuadro soporta
los huesos de 50 generaciones!).
Lejos de esos dominios
cinco siglos equivalen a 20.000 guerras,
                    7 mil epidemias
    y otras tantas desgracias colectivas y personales:
    201.845 días avanzando por el tiempo
a una velocidad insospechada.

Qué otra cosa podrían ser
sino el dolor de un parto gigantesco
entre espasmos, bofetadas
y cuellos que se quiebran al final de una soga.

Tú la pintaste a ella con los colores más leves
y una mirada que es encrucijada de temores.
La imagino en medio de una ciudad para andar en
    puntillas,
una ciudad que existe en todas las enciclopedias,
rodeada de puentes y canales
bajo la lenta lluvia otoñal.

Y es grato que el señor Arnolfini
haya posado acariciando la mano de su compañera,
mientras tú, viejo bribón, mezclabas pigmentos
        con tal destreza
que, estoy seguro,
llenaste con delicados resplandores
el rostro de aquellos amantes silenciosos

# JUEGOS INFANTILES

## (Pieter Brueghel)

Como si hubiesen retornado a la infancia
los aldeanos juegan.
Juegan a improvisar extraños y sorprendentes juegos.

Algo sucede en la aldea. Allá flota un poderoso hechizo
que convierte a todos en un rebaño alegre,
en un pequeño manicomio entusiasta,
en insólito paraíso
donde no existe la edad.

Jugar es la meta:
algunos realizan competencias de cabriolas,
otros practican un antiguo juego desconocido
que recuerda una danza.
(O es quizás un rito
para iniciados en los misterios de las alucinaciones).
Jóvenes y viejos cantan y bailan hace horas.
Son felices así. Al menos,

a mí me parece que son felices,
blanda y terriblemente felices.

Aquel pintor de Flandes
vio a sus contemporáneos en medio de sueños
donde se realizan cosas que están prohibidas.
Retorna con ellos a otra época,
a regiones posibles.
Mirando el cuadro
casi puedo palpar el júbilo,
la risa espontánea
de quienes extraviados en el juego
no han ido a ordeñar las vacas
ni a segar el trigo.
En el año de la peste
y la niebla de Europa
imagino ese pequeño reducto
viviendo sólo para el juego:
el juego y la locura de jugar.
Jugar y hacer el amor.
Hacer el amor
y enseguida volver al juego.
El juego simple
que deja la mirada
como de recién nacido.

# LA RONDA DE LOS ENANOS

I

En la ronda, los enanos cantan y bailan.
Parecen niños enloquecidos
o más bien ridículos muñecos con aire de personas.
En la ronda, ellos cantan y bailan, pero a veces
    lloran también.
Y es porque los enanos habitan cuerpos llenos de lumbre,
tienen fantasmagóricas visiones
en las que se ven rodeados de realeza y orgullo.
No puedo imaginar a un enano
incapaz de amasar la idea de un crimen, concebida
    como suave venganza.
Ni admito que viva absorto, lejos de las humillaciones
que personas llamadas normales
le proporcionan.
En la ronda, los enanos ya no son tan enanos.
Un enano lo será, siempre que acepte su desgracia
    y la rumie a solas.
Cualquier enano es, incluso, mucho menos que un enano

cuando cede a la hipérbole del insulto
y sonríe a secas, pidiendo clemencia
con ojos de animal vapuleado.
Pero enano al fin, se sobrepone, hace la reverencia de ocasión
y echa a andar nuevas intrigas palaciegas.


2


Estoy pensando en Juan Calabazas –Calabacillas–
Y en aquél que por su origen le decían Vizcaíno:
Bufones de la Corte, como Don Diego de Acedo, apodado el
    Primo
(que no era primo de nadie).
Y Don Sebastián de Morra –el peligroso Sebastián–
con el rencor a flor de piel.
Pienso en la horrenda Mari Bárbola,
acompañando siempre a la infanta Margarita
que nunca termina de crecer.
Y en Nicolasito Pertusato, más pequeño que el mastín de la infanta,
ruidoso e inocente
como un muñeco de cuerda.
Vienen todos y me rodean.
Atisban lo que escribo ahora acerca de ellos; algunos

protestan, hacen con las manos grandes gestos, otros
sonríen con malvada suspicacia y me escupen el rostro.


3


Son mis enanos.
Los quiero así: feroces e inocentes. Malvados a veces,
capaces de cualquier vileza.
Los quiero como son, y como fueron siempre. Como los pintó
Velázquez, que antes que pintor era un hombre.
De esos cuadros salen a veces a husmear la vida, a
contemplarnos. Oigo sus carcajadas resonantes, sus
    terribles
insultos.
A veces los encuentro dormidos en mi cama o los descubro
acechantes, meditabundos al despuntar el día.
Son mis enanos. Y mi casa es su corte.


4


En la esquina derecha del famoso cuadro,
precisamente allí y no en otra parte,

podemos hallar a la enana.

A la izquierda, el pintor y Doña María Sarmiento.

Al centro, la infanta Margarita con su cabello de trigo.

Un poco a la izquierda, Doña Isabel de Velasco,
gesto de reverencia y humildad.

Detrás, Doña Marcela de Ulloa, vestida de monja,
    y un guardadamas
(a quien nadie ha podido identificar).

Al fondo, una puerta abierta y un hombre en el umbral:
    Don José Nieto Velázquez.

La estancia se ilumina de repente
y es entonces cuando descubrimos, reflejadas en un gran
    espejo,
las caras de los reyes.

Echado, el perro.

Nicolasito Pertusato le ha puesto un pie encima
en forma graciosa.

Al lado de Nicolasito, aunque ligeramente detrás de él, la
    enana.

Creo que es la única enana que he visto en un lienzo.

Se nombra Mari Bárbola. Es tan horrenda que en el cuadro
    su rostro constituye un punto de constante atención. Ni
    siquiera la esplendorosa figura de la infanta Margarita,
    con su espléndido traje bordado en oro y con una flor

encarnada en el pecho, logra opacar el rostro de mons-
truosa enana.

Ella está ahí, toda de negro, y encajes blancos, a la derecha
del cuadro. El pintor la situó en esa esquina con algún
oscuro propósito. Cualquiera diría que todos los perso-
najes, incluyendo también a Doña Margarita, hija de Fe-
lipe IV, están a punto de hacer un gesto de genuflexión
delante de la altiva enana.

5

La vida jugó contigo Sebastián.
Te dio un cuerpo menudo y frágil
para divertir a monarcas,
un cuerpo más bien ridículo
que soportó bromas, frases humillantes,
epítetos que herían
lo mismo que una daga.
La vida te obligó a ser astuto, oportunista.
Te enseñó a estar alerta,
acechando cada palabra
y cada rostro

con el cuerpo tenso,
preparado a devolver el golpe
con una sonrisa malévola.

Nadie se apiadó de ti, Sebastián.
Nadie, en la Corte, te hizo favores,
contó jamás con tu presencia
salvo para el insulto.
Nadie oyó tus quejas,
el eco de tus maldiciones,
las veces que juraste venganza.

Nadie más que el artista
vio el hombre en el bufón.
Él pudo levantar sigilosamente
la máscara
y ver unos ojos de acero.

Él nos dijo:
«Cuidaos siempre de los enanos».

# LA LIBERTAD CONDUCE AL PUEBLO

En este cuadro ha estallado una revolución.
Así lo vio Delacroix, con ojos de pájaro marino,
inservibles para otra cosa que no fuera el arte,
incapaces de hacer más nada que seguir, como un buitre,
la huella del pincel.
Quizás Delacroix no tuvo valor, o no quiso,
    empuñar el fusil.
A última hora, viendo a los parisinos levantar barricadas,
tuvo miedo. Pensó
que no es fácil entregar la vida a la Historia.
Hizo cuanto podía hacer: pintar un cuadro
donde unos hombres —y hasta unos niños—
avanzan entre cadáveres, lamentos y metralla.
Donde una mujer, con una bandera,
señala hacia nosotros.
Y como se sabía incapaz de tomar un fusil,
se pintó, en medio del humo,
con el arma entre las manos.

Fue así de simple.
Y ahí está, con su pueblo,
avanzando con la Historia.

# CARITAS SONRIENTES

(Museo de Antropología de Xalapa. México)

I

CONTEMPLO las caritas de barro,
caritas de niños, dioses de la música
    y la danza.
Rostros felices de otra época
en que no era tan terrible morir.
Caritas que caben en una mano,
que podríamos ocultar en un bolsillo,
en los calcetines
o dentro de la boca.
Caritas que conocieron el sacrificio,
la sangre,
y ardieron de placer
incendiadas por el fuego de los cuerpos,
consumidas por la demencia
    del instante.
Caritas inventadas por el indio
con la huella palpitante de sus dedos
—sus dedos hábiles,

capaces de revivir la tierra
en rápidas figuras.
Caritas de diabólica risa,
se burlan de la tristeza y de la muerte,
concebidas para las noches lúbricas,
o para recibir la muerte
—la eterna e impúdica muerte—
con cierto melancólico sarcasmo.
Están ahí, en su quietud aparente,
absortas en la carcajada
que dura siglos.

II

Hay demasiada luz en el museo.
Penetra los cristales,
salta sobre los rostros,
sobre el espejo del mármol.
He aquí una cabeza olmeca:
labios perfectos,
tallados por el escultor insomne,
artesano anónimo.
Ciudades magníficas de los primitivos

construidas piedra a piedra,
y en las que el hombre contemporáneo
sólo ve piedras.


### III


¿Es acaso la muerte este silencio?
¿Venir a contemplar piedras
convertidas en rostros?
¿Rostros convertidos en piedras?
Avanzo entre objetos que nos legaron
     los antiguos,
Respiro el aire calcáreo
sin entender nada.


### IV


La guía nos explica la leyenda,
habla de gentes remotas,
de costumbres demasiado bárbaras.
Estamos educados para otra vida,
para otro concepto de la muerte.

Avanzo entre rostros de obsidiana
(me miran indiferentes
replegados en las sombras).
O tal vez son ellos quienes avanzan
y me observan, sin entenderme.

# REFLEXIONES EN AZUL

## (Sobre el cuadro de Picasso *La vida*, 1903)

BEBO el agua de la vida.
Me baño en sus ondas espejeantes.
La celebro.
La escucho.
La canto.
Asisto al triunfo del agua de la vida, a su juego simple,
  a su juego de plenitud.
Tomo entre mis manos el agua de la vida. Agua mansa.
  Agua transitoria que relumbra. Agua con poderes,
  llena de murmullos. Llena de promesas.
Así la veo en este cuadro. Agua azul. Agua milagrosa.
En este cuadro navego. En él miro y descubro al
  hombre y a la mujer desnudos,
al hombre y a la mujer en su largo abrazo de aguas.
Agua femenina y agua masculina
mezcladas en el reino de los colores.

Así la vio Picasso, pintor azul. Pintor del agua que nos sustenta.
No hay otra cosa que agua de la vida,
no hay otra cosa que un hombre y una mujer sentados
junto a la eterna fuente.
Miro el cuadro que es una multitud,
y a través del agua, ese río que somos
y avanza, pensativo, hacia el mar.
Agua de colores, muchedumbre líquida,
humanidad que brota y se expande
con sonido de afluentes.
Así la vio Picasso, pintor de aguas remotas.
Por eso es tan azul el hombre
y tan pálida la mujer. Y tan azul después
cuando es madre de todas las aguas.

Ya que somos agua, y agua es el mundo,
celebro este cuadro.
Lo escucho.
Lo canto.
Asisto al triunfo de este amoroso lienzo azul
donde el agua lo inunda todo,
donde el agua
                    murmurante y llena de reflejos
arriba, sin ser vista,
a través del espejo de las horas.

# PROPIEDADES DEL LAPISLÁZULI

No hay palabra más musical que lapislázuli.

En esa palabra está la prueba de que lo divino existe y nos rodea. En esa palabra está la única prueba de que estamos delante de una criatura húmeda y tranquila.

Me gusta decir a veces lapislázuli. Y es porque tal palabra nos remonta al alfabeto, al más antiguo ideograma, a los símbolos escriturados en la piedra. Esa palabra es punto de contacto entre lo visible y lo invisible, entre lo humano y lo profético, entre lo secreto y lo palpable. Si los niños dijeran a menudo lapislázuli, seguramente no habría tantas guerras. Las guerras sobrevienen porque nadie pronuncia palabras tan encantadoras. Tal vez en esta palabra esté encerrado el secreto de la felicidad, pero no lo sabemos.

Quisiera pedir a mis amigos que antes de almorzar pronuncien con delicadeza esta palabra. Y que mis enemigos digan en forma de conjuro: «Lapislázuli». Que las prostitutas, los mendigos y los condenados a muerte digan: «lapislázuli». Ocurrirá algo bueno si decimos «lapislázuli».

Ahora digamos a coro «lapislázuli». Y vivamos en paz.

# DISCURSO DEL SOBREVIVIENTE

Nací en una gruta de Abisinia.
Tuve un palo,
un hacha
y una tea.
Tuve una cabra,
una mujer
y un jergón.

En la densa y profunda noche
de la Prehistoria
alimenté el fuego
con ramas y follajes
de antiguos árboles.
Unas veces morí de hambre,
otras, me devoró la fiera.
O desaparecí
queriendo alcanzar

la orilla opuesta
de un violento y caudaloso río.

Maté a mi enemigo.
Bailé alrededor del fuego.
Me inicié en los secretos
de la vida y la muerte.
Pinté búfalos y bisontes
en las paredes
y en los techos de las cuevas.

Conocí los misterios del placer
y los secretos de la fecundidad.
Fui alfarero,
fui agricultor,
fui pastor.
En el viento de la estepa
aprendí las primeras notas
con mi flauta de cáñamo.

Descubrí el metal.
Corrí al encuentro de otros hombres
blandiendo una espada.

Quedé tendido en la hierba
hasta que mi cuerpo
tuvo el color
                de una hoja de otoño.

Veinte siglos después,
mirando hacia la vieja noche
        escribo:
la vida es sólo
un dulce oficio de matar
y de sobrevivir.

# WILLENDORF

I

De la piedra
ha surgido un cuerpo.

Antes de ser un cuerpo
no existía otra cosa
que la simple y desolada piedra.
Entonces aquellas manos
alzaron los toscos utensilios
y golpearon aquí y allá
hasta que nació la mujer, pero sin nombre
(el nombre
vino con los tratados
y los rostros de Leonardo).

Sin la piedra,
¿qué habría sido del mundo?
Y sin el cuerpo de la mujer,
¿qué habría sido de la piedra?

No existirían
criaturas tan suaves como las de Maillol,
ni tan duras ni cortantes como las de Archipenko;
no conoceríamos el enigma de Praxiteles,
la pasión de Rodin,
la oscura serenidad de Michelangelo.

Gracias a la piedra
nació la mujer.
Pero gracias a la mujer,
a su pubis
          exagerado por el hombre primitivo,
nació la magia,
el poder de los dioses,
la pregunta
          en el ambar de los sueños.
Gracias a la mujer –la mujercita fea de Willendorf–
nació, para siempre,
algo que mata y redime,
algo que nos sepulta y eterniza.

Es cuanto sabemos
del nacimiento de la mujer,
de la necesidad de la magia
y la sustancia del arte.

LA piedra es eterna, pero innombrable.
Eterna como una cifra,
innombrable
como el aliento de la luz.

Lo demás
pudiera ser un sueño:
un sueño dórico
que recuerda la inmortalidad;
un sueño jónico
absorto en severas filigranas;
un sueño corintio
con rictus
       y frente de hielo.

Sólo la piedra es inmune.
En ella caben
       todos los órdenes
y estilos,
cabe el hombre
con el espejo de su odio
y el enigma de su miedo.

La piedra es única.
Avanza desde la noche
y nada la detiene.
Ninguna forma logra encerrarla.
A su paso
deja murallas devastadas,
palacios sepultados,
ciudades vencidas por la ira de Dios.
Cuando dicen su nombre
salta
    una ridícula
             cabeza de mármol
o una mano de granito
cae sordamente sobre el polvo.

Su violencia
es como el gesto del artista:
    callada
    y a favor del aire.

## LA MANO QUE PINTA

CREO en el bisonte de Altamira,
a pesar de los siglos
sigue pastando en los valles,
en las riberas donde el agua
conserva el don de la transparencia.
Creo en las esculturas
que exageran el sexo de la mujer
con fines mágicos.
Y creo, por supuesto, en la magia
porque sin ella no hay arte.
Creo en la mano que pintó
los retratos del Fayum
y en aquella que hizo posible
*El nacimiento de la primavera.*
Creo en *La bebedora de ajenjo*
como creo en los recién casados
    de Chagall
que flotan sobre el cielo de París.

Creo en cosas simples
como son un plano blanco
encima de otro más blanco.
Y en un plano negro
encima de otro aún más negro.
Y creo en la mano que dio vida
a los enanos de la corte:
Sebastián,
Mari Bárbola,
Nicolasito Pertusato.
Criaturas inmortalizadas
por la fantasmagoría del color.
Creo en la mano que condenó
*Los fusilamientos del 3 de mayo*
(mano sorda,
pero con los ojos bien abiertos).
Y creo en la otredad de la belleza
y en los colores del infierno.

# DISCURSO DEL PINTOR DE LA CORTE

He pintado un bufón.
Lo pinté con sombrero, capa y calzones de color púrpura.
También pinté el retrato de la reina
en el insomnio de los aposentos.
Y pinté a su hija –la infanta–
con gran despliegue de sedas, y perlas, y profusos cortinajes.
Me pagan bien por pintar.
Mi oficio es embellecer esos rostros, darles esa luz,
hacer que parezcan llenos de un extraño esplendor.
Mi oficio es dotarlos de vida,
de modo que el tiempo pase y se impregne
de un vago sortilegio.
He pintado muchas caras, muchos cuerpos.
He pintado ropajes que relumbran.
He pintado a unos en pose de ministros,
y a otros
            en pose de militares.
He pintado el odio, la sed,

he pintado sin cesar el vicio
que se arrastra y silba.
He pintado lo feo y lo sublime
y por ello me pagan.
Puedo hacer la magia de los rostros:
que una grosera nariz
resulte elegante en la cara de un alto funcionario.
Y que una boca demasiado grande
parezca de pronto una fruta.
Que unos ojos llenos de miedo, de rencor,
recuerden los ojos de un niño
(para eso me pagan
y hago bien mi trabajo).

La reina viene
para que yo la pinte montada sobre un caballo.
El rey desea que yo lo retrate en su gabinete.
Los enanos saltan a mi alrededor
palpando las preciosas texturas
que destellan sus vanos colores.

Todos vienen a mí
y yo abro los brazos como si fuera Dios.
Pinto,

pinto sin cesar a mis criaturas
con la misma tenacidad
con que la muerte las devora.

# DESTELLOS METÁLICOS

(Idea tomada el cuadro *Goethe en la ventana* (1787),
de J. H. Tischbein)

Hoy desperté en una casa que no es la mía,
una casa de paredes amarillas, surcadas
por grietas apenas perceptibles.
Pero anoche, antes de dormir junto a la mujer
que esta mañana, antes de abrir los ojos, me pareció ajena,
todo fue distinto:
    ella era la mujer del hombre que se acuesta temprano,
        la mujer que habita breves reverberaciones,
        la mujer de otro hombre que se parece a mí.
Sin los buenos días, sencillamente
como dos perfectos desconocidos, hemos desayunado
en la mesa de siempre.
Ni siquiera mis hijos me reconocieron,
ni yo acudí a besarlos,
sino que me fui a la ventana
que me permite ver el rito y la consagración de la luz.
Y desde ese ojo ciego
me puse a contemplar la parte más antigua de la ciudad

con sus fábricas humeantes,
sus destellos metálicos
y su negro mar que lame una costa
que hoy me pareció más sucia y triste que de costumbre.

# REFLEXIONES DE JAMES ENSOR

Para los niños nómadas
pinté la entrada de Cristo en Bruselas.
Para los indiferentes, los obispos y las coristas
pinté la entrada de Cristo en Bruselas.
Para los desesperados
que van rastreando un cuerpo debajo de la lluvia,
para taumaturgos y suicidas
pinté la entrada de Cristo en Bruselas.
Pudiera parecer absurdo ver a Cristo
rodeado por esa gentuza;
pudiera parecer banal
poner mi arte en función de tanta mediocridad.
Sin que nadie lo supiera, tomé el pincel y los colores
y aparecieron esas máscaras chillonas;
apreté un tubo de carmín y surgió una lengua;
hice un trazo al azar,

                        y escuché un grito.

Todo el día

y la noche que sigue a ese día,
y la madrugada siguiente
pinté sin cesar
                    la entrada de Cristo en Bruselas.
Aquellos rostros asustan,
hay en ellos tanto miedo, tanta fealdad,
hay tanta demencia en ese cuadro.
Y en el centro está Él
y la ciudad de Bruselas al fondo.
En realidad no hay rostros, sino máscaras.
Tampoco existe ciudad
                    sino un infierno de colores,
    una especie de carnaval sangriento.


No sé quién vendrá a contemplar esta obra.
La gente al verla se escandalizará
y apartará su vista de allí
como se apartan los ojos de algo indecente.
En verdad, es una pintura indecente
para un mundo indecente.
Y todo cuanto he representado
no es más que pura indecencia.
Por eso lo titulé
                    *Cristo entrando en Bruselas.*

Donde está el horror, ahí debe estar Cristo.
Donde está la soberbia, debe estar Cristo.
Donde está la indecencia, Cristo también.
Estoy llamando a Cristo con mi cuadro.
Le digo: «Señor,
    éste es el mundo que tú creaste
    a imagen y semejanza».

Antes de que la muchedumbre derribe mi puerta
y me arrastre como un fardo
y me apalee
por pintar tu rostro entre asesinos y prostitutas,
he de terminar, por fin,
    tu entrada triunfal en Bruselas.

# LA GRAN OLA

## (Xilografía de Hokusai, 1760-1849)

SUPONGAMOS que La Gran Ola cobra vida en este viejo grabado de Hokusai, y desciende con toda su fuerza sobre las islas y los mares de Japón. Es una ola gigantesca arrastrándolo todo, una ola rugiente nacida, de súbito, en un extraño meridiano envuelto en los efluvios del calor y las estaciones muertas. Supongamos que esa ola es la última noticia del siglo. Surgió en la mano del artista y ahora es un poderoso remolino, una tromba de agua frente a tus ojos.

Cuando termine de escribir este poema, La Gran Ola estará arribando a las tibias aguas del Caribe, precedida de vientos que azotarán el litoral y la bahía. Su espuma amenazante mojará los pies de los niños, saltará los peldaños que conducen a mi casa, se deslizará por debajo de la puerta rumbo a las grises habitaciones donde yo deambulo conversando con mi sombra a la caída de la tarde.

La última imagen que tendré será la de mis papeles flotando con pereza encima de una ola.

# TENTACIONES

CONTEMPLO el Jardín de Hieronymus.
En él no pasa el tiempo
y las criaturas que lo habitan
se mueven como improvisando una danza.
Todas están desnudas, con la palidez que el arte concibe.
También abundan animales raros, frutos
    de carnosa pulpa,
floraciones que llenan los ojos
de una sustancia
                  suavemente mórbida.
Y está el goce y el erotismo de la carne
en todo su néctar.
Han pasado los siglos
y la lluvia cayó mil veces en los prados
donde la muerte, a cada instante,
cercena el fruto de la Creación.
No puede haber infierno entre tantas dulzuras.
Las fronteras del arte no conocen edictos,

es el único país donde todo es posible:
dos orejas y un cuchillo simbolizan un falo.
Y esa flor de rosada textura, el pubis de una muchacha.
En una esfera transparente
   –similar a un huevo primigenio–
yacen encerrados un hombre y una mujer
(representan la necesidad de amar,
la búsqueda constante de la plenitud).
Miro el cuadro
y siento el frenesí que arde en cada figura,
cada gesto
donde hay algo denso y confuso,
algo que pondría en guardia
                     a todo buen inquisidor.
Disfruto de este orgasmo de colores
con seres entre humanos y bestiales.
Ante mis ojos
un hombre fornica con un extraño animal,
y una pareja, de raza diferente,
palpa con delicadeza
                la fruta de un árbol desconocido.
Aquí no existe nada ajeno,
nada que no hayamos visto
en este otro jardín,

               donde cada día, cada minuto,
nos acariciamos y mordemos
con la oscura y terrible inocencia
de los eternos condenados.

# LA RENDICIÓN DE BREDA

## (Velázquez, 1634-1635)

Imagino una ciudad asediada por el invasor. Invento ejércitos envilecidos por sus calles, mujeres prostituyéndose, niños y ancianos que sirven de esclavos para salvar la vida. Hablo de una ciudad que no conozco, de un punto confuso en la geografía.

Pudo ser cierto o no que Breda se rindiera, ignoro si hubo allí una encarnizada batalla, si la ciudad estuvo vomitando sus llamas a la noche. No sé si los ejércitos que la defendían abrieron finalmente sus puertas al enemigo. Sólo sé que me gusta ese cuadro donde un hombre, con sombrero de plumas en la mano, hace una reverencia a otro. Sólo sé que a veces me pongo a conversar con ellos de asuntos ajenos a la guerra.

Quizás fue Breda un invento de generales y ministros ansiosos de poder y gloria. Y el pintor hizo posible el milagro, porque Breda, en definitiva, no es más que una pintura. Lo que ocurrió allí es asunto de otros hombres, y ninguno sobrevivió para contarlo.

Pudiera parecerme definitivo el gesto del señor con sombrero de plumas, o el de los soldados apuntando sus lanzas al cielo. Hasta el cielo de Breda pudiera parecer extraño y los rostros como ausentes. Añado un vago color azul perdido al fondo del paisaje y el humo de la ciudad en la lejanía.

Fuera de este cuadro y del gesto de los hombres (como de amigos que se encuentran al final de la guerra), ¿quién aseguraría que Breda fue Breda? Quién se atrevería a confirmar que existió —o existe— una ciudad (que una mañana o una tarde de cualquier siglo) rindió sus armas al invasor.

No hay mayor absurdo que creer en la mentira de los hombres.

# CRITURAS

Hermosas son las bailarinas de Degas.

Cuánta fragilidad en sus ademanes, en todos y cada uno de sus movimientos. Como destellos de ceniza o reflejos en la transparencia del agua, se abren nuestros ojos incrédulos.

Y uno se pregunta: ¿es posible tanta belleza frente al horror? Maestro, ¿es posible que una bailarina pueda, con un simple giro, borrar toda la fealdad que existe en el mundo?

Las veo correr por el escenario, agitar una y otra vez las piernas, flotar en la noche como burbujas de colores.

Son las bailarinas de Degas. Una de blanco tul, parada en la punta de sus zapatillas. Otra que gira bajo el foco de luz, y de pronto su traje es azul, luego amarillo y finalmente rosa. Rompen a bailar al más leve contacto. Y nunca envejecen. Ahí van, revoloteando igual que mariposas en un jardín. Ésta abre los brazos como si abriera las alas. Aquella hace una reverencia a un público invisible.

Maestro Degas: ¿es posible tanta belleza frente al horror? ¿Acaso el horror se vuelve inofensivo ante la gestualidad de un trazo, ante la pereza de los colores? ¿Es que la muerte se detiene, horrorizada, ante la plenitud de la existencia?

Cuando estoy apesadumbrado, busco la fragancia que dejan en el aire las bailarinas de Degas.

Cuando cae de súbito la noche, y la vida parece que cruje, regreso al escenario de las tenues muchachas pintadas por un hombre al que nunca conocí.

Gracias por habernos dado el esplendor de su arte, por haber pintado a las dulces bailarinas de un tiempo que fluye hacia el futuro.

Algún día ellas saldrán de esos cuadros para venir a rodearnos con sus destellos.

# PALABRAS SOBRE LA NECESIDAD DEL ARTE

(Para decirlas o cantarlas la última noche de este siglo
delante de una multitud alumbrada por antorchas)


CÚMPLASE el destino
para el que fue creado el arte.
Cúmplase su brillante profecía,
el afán de todos los seres que laten en él,
que viven y mueren allí su vida y su muerte eternas.
Que el arte nos asedie con sus visiones. Todas las
    visiones
mezcladas en su vasto reino;
todas las mentiras y verdades que sumó
como único prodigio
para que el mundo pudiera mirarse y descubrirse
en un espejo de aguas transparentes.
Abramos la puerta para que venga y nos mire,
para que asista a la cita
y nos mire a los ojos.
Digámosle suavemente alguna frase,
musitemos la oración del inconforme.

Que nos descubra, ahora y siempre,
dispuestos a confesarle nuestra culpa.

Cúmplase la función del arte,
la que tenía
cuando éramos inocentes.
Volvamos atrás en el tiempo y roguemos
que nos sobreviva,
y que la muerte nos descubra lúcidos,
con las manos limpias de rencor,
con el pecho lleno de suaves añoranzas.
Y frente al miedo
ejerzamos la serenidad del arte,
ejerzamos su fuerza,
porque él hace fuertes a los que aman,
a los que buscan algo
que otros no pueden nombrar.

Frente a la demencia acudamos al arte.
Eso nos dará ánimo,
nos dará coraje para seguir existiendo.

Sólo así hallaremos la fuente
que el arte buscó y encontró en cada hombre.

Sólo así seguiremos siendo lo que fuimos
y lo que somos.
No dejemos de tocar a su puerta,
no perezcamos, como perecen en la noche,
las aves que perdieron el camino del retorno.

En el arte hay sitio para todos.
Es una casa con las ventanas abiertas,
un gran prado
donde tenderse a contemplar las nubes.
El arte nos ampara y nos cubre como si fuera una madre;
una madre sublime y amorosa
que palpa nuestro rostro y a veces nos regaña.
Allí están todos los caminos,
todos los sortilegios,
todos los encuentros y desencuentros.
Al tonto que mira sin ver, déjalo que pase.
Que pase y se aleje
con el sopor de un fruto podrido.
En cambio, abrid las puertas
a las bailarinas de Degas.
Vengan los bufones,
los monstruosos enanos.
Dancen todos a nuestro alrededor

y haya un espacio para las ebrias criaturas de Rubens,
y esté presente El Bosco
con sus fastuosos engendros.

El arte nos sueña tal como somos,
nos libra de oscuras representaciones
dándonos un rostro
y llenando nuestros puños de semillas.
Hágase su voluntad.
Que arda eternamente su llama.

# REFLEXIÓN EN TORNO AL BESO DE JUDAS

(Giotto. Capilla de los Scrovegni, Padua)


Quién, alguna vez, no fue besado en la mejilla por Judas.
Un Judas que acecha en todas partes
y habita todas las épocas.

Y quién, alguna vez,
no fue un poco cobarde
y mezquino como Judas.
Quién no besó a Cristo en la mejilla
con un beso largo y sediento como el suyo.

## LECTURA Y REFLEXIÓN
## DE LA OBRA DE DIONYSIUS

Mɪ dulce Dionysius, qué hermosa tarea
reflejar al hombre en las paredes.
Qué amable oficio
eternizar su imagen en los frescos.
Pintar caras que vivieron y murieron
    hace siglos,
contar historias, celebrar fechas,
    inmortalizar vidas.
Naciste para ser siervo del color.
El mundo pasaba y tú lo copiabas.
A la mujer la convertías en virgen,
al hombre lo transformabas en santo.
Llenaste de íconos la noche.
Poblaste de ángeles la tierra.
Tu sueño era simple y grandioso,
en él te movías como una criatura más,
ajena al odio, ajena a la carne,
ajena al resplandor de la ciudad.

La ciudad que pintabas era eterna.
Allí los días no tenían atardecer.
Todo era luz, dorada luz, excelsitud
    del oro.
Mi dulce Dionysius, qué bárbaras eran entonces
    las ciudades,
sitios inhóspitos, custodiados por la sombra
    del miedo.
Lugares invadidos por el resplandor de la espada.
Tú, Dionysius, no lo sabías
o apenas te importaba.
De espaldas a la Historia no hacías más que pintar,
    fascinado como un niño.
Y de esa forma te conocemos,
por las figuras que levitan en las paredes,
por los rostros que flotan
en los techos de los monasterios,
mientras afuera
emerge hostil, ruidosa y desafiante la ciudad.

## JESÚS CON LA CRUZ A CUESTAS
### *HIERONYMUS BOSCH*

CAMINO del Gólgota va el Hijo del Hombre.
Avanza rodeado por la plebe
que no hace otra cosa que blasfemar,
que no puede hacer algo mejor que gritar anatemas.
Bosch ha pintado a Cristo cabizbajo,
los ojos cerrados en medio del sufrimiento.
Su cara está en el mismo centro del cuadro
rodeada de otras más hostiles,
expresiones desmesuradas por el odio
y el goce de ver el sufrimiento ajeno.
Bocas abiertas y desdentadas,
gestos llenos de crueldad
donde arde, implacable, la llama del horror.
Dónde estará el rostro serenísimo de María.
En qué lugar el de Verónica y Simón.
En alguna parte
debe vagar la mirada febril de Barrabás
y la desconsolada de José de Arimatea.

El mundo está aquí,
   rodeándolo a Él.
Acabo de hallar mi rostro pintado: es el que está de
   perfil,
en el extremo superior, a la izquierda del rostro de
   Jesús.
Mis ojos están fijos en un punto distante del cuadro.
En mi rostro se refleja una mueca de odio y de dolor,
un brillo entre humano y salvaje.
Rodeando al Maestro están mis hijos:
uno ríe y otro llora.
Uno calla y otro vocifera.
Por más que busco
no puedo hallar el rostro de mi madre.
Lenta como es a su edad, quizás demore
en llegar al Monte de los Olivos.
Tengo la certeza
de que en cualquier instante aparecerá
asustado entre la muchedumbre.
Ese anciano que gesticula, es mi padre.
Discute la forma en que debiéramos
crucificar a Cristo.
Quizás hasta se brinde para poner el primer clavo
   en su cuerpo.

Ojo, boca, saliva, semen, sangre, pus, deseos,
   piel, palabras, eso somos.
Y en el centro,
en el inalcanzable centro,
en su punto irradiante,
Bosch ha situado la Belleza, la Piedad y el Amor.
Así sea.

# DISCURSO DEL HACEDOR

HE soñado la línea:
    sinuosa unas veces, ondulante otras.
La línea en su vasta perfección, en su augusta nobleza.
He soñado la mano que la dibuja, los dedos
    que la esgrimen.
He soñado la blancura del papel.
Y he soñado el impulso que invita al trazo.
He soñado la inocencia de los cuerpos
y he soñado
    el espacio en que se mueven.
He soñado el volumen
    que es ilusorio,
la materia que es efímera.
He soñado los colores: el azul de los océanos, el rojo
    de los atardeceres,
el amarillo de los campos de trigo.
He soñado que mezclo pigmentos
    y los aplico lenta y delicadamente

con el pincel.
He soñado el implacable lienzo.
He soñado el caballete.
Me he soñado a mí delante de él.
Poco a poco, y casi sin darme cuenta,
las formas van tomando las proporciones de la realidad.

# BARCO CONSTRUCTIVO «AMÉRICA»

(Joaquín Torres García, 1943)

DE América
ha salido un barco hecho de líneas, planos y colores.
Es el barco de los pintores constructivos,
el sueño del cubo y la esfera
navegando por los museos del mundo.
En él viajan los hombres libres, aquellos que abren una
    puerta cada día,
aquellos que interrogan una forma
y reciben a cambio
el secreto de su estructura.
Ese barco, procedente de Uruguay, entró una mañana
    en Puerto Picasso. Siguió más tarde
con rumbo a la bahía Fernand Léger
para llegar a una isla llamada Tarsila Do Amaral.
Ese barco quizás esté arribando ahora a tu ciudad,
una ciudad levemente cruel que conoce tus hábitos
y te obliga a ser un rostro con un número.
En él pudiera estar tu destino,

el destino que un artista traza sobre un lienzo
y muestra después a todos

                              como única verdad.
De América ha salido un barco.
En junio lo vi anclado en Madrid, en aquella
    retrospectiva
que fue como un milagro ante los ojos.
Quién sabe qué otras aguas esté recorriendo,
a qué nuevas costas habrá llegado
para abrumar con sobresaltos a los ciegos,
para dar nuevas luces a los videntes.

# DOS TESTIMONIOS

(Breda, 5 de junio de 1625)

## 1. *JUSTINO DE NASSAU*

No soporté el asedio de Espínola.
Demasiado humo
y el ruido infernal
de los obuses estallando en las calles.
A fin de cuentas, lo mismo da
pertenecer a Francia o España,
hablar hoy una lengua
y mañana otra,
o aprender un himno
sobre las ruinas
de otro que sentías tuyo.
La sangre
es el tributo que exige
toda resistencia al enemigo.
Hambre, sed, epidemias,
caminar sobre cuerpos destrozados,
    ¿justifica tanto sacrificio?
Si vamos a morir

y la ciudad ha de ser arrasada,
¿para qué sacrificarla?
Mejor hacer lo que hice:
dar órdenes de abrir de par en par
las puertas
y recibir
con la más ardiente sonrisa
    al invasor.


## 2. *Ambrosio Espínola*

El asedio duró poco
y ahora estoy frente a mi enemigo.
Hombre razonable, este Justino de Nassau,
    no quiso que la ciudad muriera.
Seguramente la ama demasiado
para permitir
que el fuego de mis cañones
    la destruya.
O que un largo y desmesurado asedio
    termine corrompiéndola.
Ha preferido entregarla.
Con dolor,

con un poco de nostalgia quizás,
    me ha dicho:
«Estas son las llaves de Breda,
    tómelas usted».
Después calló
como callan los soldados
en su derrota.
Sentí compasión
y le puse una mano en el hombro.
Luego, desde esta colina,
    contemplé la ciudad.
Un humo azul se levantaba
hacia las viejas y transparentes nubes.
Y sentí miedo:
Miedo de que aquella escena
fuera la repetición
de otras muchas.
Miedo de verme también un día
entregando unas llaves
a mi futuro vencedor.

# CUERPO DE OFELIA

John Everett Millais, 1852

CONTEMPLO el cuerpo de Ofelia
que flota suavemente el agua,
el agua viva y murmurante de un remanso.
Desde esta orilla, lejos del peligro,
veo sus negros cabellos,
su boca abierta,
sus ojos terriblemente fijos.
Rebosantes, sus vestidos ondulan
y dejan al descubierto la piel
acariciada por una lengua tenaz,
por la frágil ternura del agua.
¿Qué puede hacer un hombre frente a tanto
    desdén,
frente a tanto abandono?
Si una muchacha se ahoga,
si una enloquecida muchacha se sumerge,
será para buscar otro insomnio,
para conocer otras ausencias.

No la vimos morir. La descubrimos muerta.
Muerta de sed, de angustiosa calma.
Con ligereza, las manos iban marcando
    la cadencia del viaje.
Sus pies resultaban tan blancos que dolían.
Sus cabellos, al rozar el fondo,
se enredaban en oscuras
                    y desconocidas hierbas.

Es todo cuanto sé
y todo cuanto puedo contar de Ofelia.
Me detuve y alcé una mano
para decirle adiós. El cuerpo giró una vez más
como si intentara responder.
Después, como si fuera un galeón
o una isla flotante a la deriva,
siguió su curso río abajo,
seguramente hacia el mar,
hacia las hondas gargantas del Océano.

# BLANCO Y NEGRO

«Lo objetivo carece en sí de significado…».

K. M.

I

QUIZÁS la vida sea
un poco de blanco sobre blanco,
y un poco también de negro sobre negro.
Lo demás
consiste en imaginar cosas,
creer que una verdad
cabe en el cuerpo de una mancha
(una blanca, impoluta y eterna mancha).

Malévitch supo
que todo cuanto existe cabe en una pincelada.
Que no es necesario su reflejo
porque las cosas que rodean al hombre
    son lo que son,
y no necesitan ser confirmadas
    en el espejo de un lienzo.

Pero sabía también
que es difícil convencer a los ciegos,
a quienes nunca verán
otra cosa que las mismas cosas.
Por eso, en su cuadro *Blanco sobre blanco*,
    algunos no ven nada.
Y es porque nada hay allí.
Nada que no sea
la luz del sol, el canto de los pájaros
    y la fe ciega del hombre.


2


Mirar hacia la noche
es como ver un cuadro de Malévitch.
Cuadro sin luna y sin estrellas
en el que lo grandioso es la oscuridad,
ese gran plano negro
en el que uno parece caer
sin llegar nunca a tocar fondo.

La noche es como un inmenso cuadro
    —un cuadro infinito—

de aquel que lo redujo todo
    a una síntesis.
Un hombre que nos hizo ver las cosas
    no como cosas,
sino como ideas plasmadas en el aire.
Y cuando las ideas se plasman en el aire,
    hay quien siente miedo
de percibirlas en su escueta inmensidad.


A mí me gusta ver la noche como la vio Malévitch,
imaginarla como un gran plano negro
    sobre el que apenas
puede divisarse otro más negro,
como un extraño agujero
en la vasta soledad de la Nada.

# MISTERIOS

Misterio de llamarse David
y nacer para matar a Goliath.
Misterio de nombrarse Leonardo
y vivir para pintar *La última cena*.
    Extraño destino
que a unos entrega una espada
y a otros los arduos secretos del arte.

# BUSCANDO EL ROSTRO DE JUDAS

«Y no bastándole esto se quejó al Du-
que, y tanto lo importunó que se vio obliga-
do a mandar por Leonardo y discretamente
darle prisa por la obra...».

VASARI

BUSCANDO el rostro de Judas
recorro a diario la ciudad.
Entro en sórdidas tabernas donde creo
    que puedo hallarlo,
hurgo su sombra en pútridos burdeles,
    rastreo sus huellas
en plazas y callejuelas

                donde acecha la hez.


Rostros hay muchos.
Semblantes que confirman
que la belleza es escasa

                y profusa la fealdad.


Mas por fea que resulte una cara
—por siniestra que parezca su expresión—
    no me sirve de modelo.

Porque una como la de Judas,
    que de sólo verla
sea tal y como la habíamos pensado,
    tampoco es fácil de encontrar.

Yo la he dibujado muchas veces.

Imagino su amargo perfil,
    su pérfida mirada,
                    su yerta sonrisa.
Y sin embargo, no logro el gesto que deseo.
Porque para dar vida
al hombre que traicionó a Cristo
–y hacer creíbles sus ademanes–,
hay que aprender a vivir
y a ser, incluso, como era él.

En el convento
los impacientes dominicos
dicen que me demoro mucho.
Quieren que pinte una faz
    –cualquier faz–
y que diga después que es la de Judas.

¿Le habrían exigido lo mismo a Miguel Ángel
    con su *Moisés*?
Y Botticelli, ¿habría aceptado cualquier rostro
    para *El Nacimiento de Venus*?

Por eso no tengo prisa.

Sé que el rostro que busco
ha de aparecer.

Ignoro si mañana, si el mes próximo,
    si tal vez dentro de un año.

# DE LEONARDO A SU HIJO ADOPTIVO
## Y APRENDIZ DE PINTOR

*Giacomo vino a vivir conmigo el día*
*de la Magdalena de 1490...*

A tu edad, Giacomo,
vemos las cosas sin comprenderlas.
Las tocamos
como si tocáramos sólo su piel
   y no el alma,
como si tocáramos su nombre
   y no la esencia.
A tu edad, que es la de quienes abren
   por primera vez los ojos,
todo resulta bello, pero confuso,
todo resulta excitante, pero ajeno.
Cuán lejos se está aún
   de la verdad,
a qué distancia tan escasa
   de la mentira.
Poco a poco irás conociéndolas,
aprendiendo a diferenciarlas

como se diferencia

                    un fruto de otro.

Tiempo habrá para ello,

tiempo es lo que sobra.


A tu edad, Giacomo, se está

en el umbral del misterio.

El misterio de los cuerpos,

el misterio del placer,

el misterio de la vida.

Los juegos van quedando atrás.

Y un día, sin que sepas cómo,

comenzará a brotar de tus labios

   un néctar

y a fluir de tu piel una añoranza.

A partir de ese instante

tuya completamente será tu vida

y harás con ella lo que desees,

lo que siempre hayas deseado hacer.

Mas no olvides, Giacomo,

que en ti combaten

                    dos criaturas:

una amable y la otra cruel.

¿A cuál de las dos servirás?

¿A cuál entregarás la llave?
Es una pregunta sin respuesta
 todavía,
pero se puede intuir
si al mirar tus ojos se percibe
como un brillo o una sombra.

## REFLEXIONES DE MAESE
## LEONARDO DA VINCI

DICHOSO el que puede sentarse
a contemplar las hojas del árbol,
porque sabrá que ninguna es igual a otra,
pero todas son la misma hoja danzando
que luego amarillea y se desprende
	de la rama.

Feliz el que tiene tiempo
para tenderse de espaldas sobre la hierba
	y mirar hacia las nubes,
porque no existe mejor libro
donde poder leer el verdadero destino
	de las cosas,
que son y a la vez dejan de ser,
y lo que antes había sido una cabeza, un galeón,
	un continente,
de pronto se convierte
en una masa informe de vapor de agua.

# ODA A LA MANO ZURDA

CREO en las manos que nacen para ser zurdas, manos inquietas de niños que recorren silenciosos prados y escriben las palabras al revés.

Creo en las manos porque nacieron para dar forma a lo que nunca tuvo forma, y para hurgar en lo profundo y sagrado, en el agua y en el aire.

Manos así no surgen por azar. Nadie sabe dónde encontrarlas, ni de qué sustancias se impregnan. Lo único que sabemos —si algo sabemos— es que nacen siendo muy niñas, pero que lenta, misteriosamente crecen, y un día las hallamos pintando un rostro. O las descubrimos estudiando el resplandor de las estrellas.

Y es que las manos que nacen para ser zurdas, no conocen límites. A menudo nos sorprenden tocando un laúd o trazando en un plano la oscura simetría de una máquina. La realidad es que jamás permanecen quietas. Van de un sitio a otro, de un reino lejano a otro más antiguo. Y nadie puede controlarlas, impedir que sueñen con voracidad o que amen con estrépito.

Esas manos están donde menos se les espera: lo mismo en la corte que en las calles, o simplemente delante de un árbol, atentas al sonido del viento en sus ramas.

Pero las manos que nacen para ser zurdas también envejecen. Y cuando esto ocurre se vuelven sabias y esquivas. Y ya más nunca regresan al sitio donde nacieron, a la antigua edad en que una mano y otra mano forman la imagen breve y total de una sola.

# LEONARDO DIBUJA UN PAISAJE

(5 de agosto, 1473)

La mirada atenta y sin embargo lejana,
   tan lejana como esas viejas
y augustas colinas
                    que se pierden allá,
   contra un cielo imaginario.

# DEL PUNTO Y LA LÍNEA

«El punto, en el tiempo, se traduce por el instante; y la línea se asemeja a un intervalo de tiempo; y así como los puntos son  principio y fin de dicha línea, los instantes son término y principio de cualquier intervalo de tiempo dado...».

LEONARDO DA VINCI

EL instante que vives
es sólo un punto en tu vida.
Y así como la vida
es sólo una sucesión de instantes,
también un trazo
es una sucesión de puntos.

En el infinito,
tu vida es apenas un punto
que alguien ha hecho
con un lápiz invisible.

# FIGURAS DE CABALLOS

(Hacia 1490)

CUANDO escuches el relincho de un caballo,
   piensa en los que yo dibujé.
No eran como cualquier bestia de tiro,
   con mataduras en la piel
y ojos tristes y ajenos.
Los que yo hice para ti eran otros
   que tampoco hallarás,
porque fueron la suma
de largas y minuciosas horas de observación,
síntesis de todos los animales que he visto.

Cuando escuches relinchar un caballo di:
   «son los de aquel viejo pintor,
que aún siguen vivos».

# LABIOS

(Detalle de una hoja de labios y bocas)


No sé muy bien si estos labios sonríen
   o expresan una tristeza.
Si sonríen, digamos que lo hacen
   de forma leve,
reflejando una mínima alegría,
una suerte de ignota felicidad.
Pero si en vez de sonreír
sólo expresan tristeza;
si en lugar de alegría
es un dolor oculto lo que en ellos,
involuntariamente se dibuja,
diremos entonces
que se trata de un dolor magnífico,
degustado poco a poco
hasta quedar en un breve
   y enigmático trazo
que le confiere un extraño esplendor
a ese lado en sombras del alma.

# EL PASADO DE LA PIEDRA

*a Leonardo, Michelangelo y Rodin*

Eʟ tiempo es piedra:
un pedazo de piedra tallada.
La piedra es tiempo:
tiempo congelado
y convertido en fragmento de eternidad.
Entre la piedra y el tiempo está la mano.
Con ella, el hombre transforma la piedra
en algo más que piedra.
La dota de existencia,
de una que está más allá de la misma existencia.
Con la mano,
un hombre da forma precisa a los minutos.
A veces lo transforma en una sonrisa,
otras en un pie o una frente.
Ya no son una suma de instantes
que se van,
puñado de horas que se convierten en días.
Haz de días

que terminan siendo meses y años.
Después que la mano
le regala una forma a la piedra,
ésta adquiere un pasado.
    Y ese pasado se queda allí,
atrapado para siempre en el tiempo.


He visto a los hombres tallar grandes piedras.
Lo hacen como si trataran de sacar
    a alguien encerrado en ella.
Unas veces la golpean con rudeza,
como queriendo despertarla.
Otras, de manera suave,
como si acariciaran su piel.


    Con su fantasía
el escultor germina la piedra
y ésta engendra una forma.
Puede que sea la forma del joven
    que venció a Goliath.
O la forma de una diosa desnuda
que en lengua griega se nombra Afrodita.
O la de un niño raptado por Zeus.
O la de un gladiador herido en combate.

O la de un hombre sentado que piensa,
y por ello recibió el nombre de *El pensador*.
Todas esas figuras dormían en la piedra.
    Pero la mano hizo
que abrieran de pronto los ojos y despertaran.

# BIOGRAFÍA

TE imagino de niño
contemplando extasiado un arroyo.
Todo silencio a tu alrededor.
   Y todo secreto.
Todo vida
que se transforma en otra que nace
y al final es la misma vida
   y el mismo secreto.
Cuaderno en mano te imagino,
haciendo aquellos primeros apuntes
   que tus ojos inquietos
y tu mano ingeniosa
   no cesaban de crear.


Ah, Leonardo,

vivías en un siglo de sorpresas,
lleno de preguntas sin respuestas

y de respuestas
que provocaban nuevas preguntas,
en una lenta e insaciable espiral
que se elevaba despacio hacia las nubes.

Te imagino ahora en el taller
   de Verrocchio,
mezclando los primeros pigmentos.
Tú, muchacho extraviado
en la añosa Florencia de Lorenzo
   el Magnífico,
Vas y vienes por ruidosas callejas
ebrias de vendedores ambulantes
   y polvorientos tenderetes.
Observas y meditas.
A tu alrededor ves lujo y pobreza.
Tabernas, vino, mujeres,
carnaval, máscaras y música,
   cosas que rechazas
y sin embargo te atraen.
Cosas que irás aprendiendo a querer
   y también a odiar
como se odia lo que alguna vez
   hemos amado,

como se ama lo que sin saber por qué
odiaremos un día.

Todavía eres muy joven,
pero ya sabes
que la efímera belleza duele.
Y que hacerla cuesta mucho,
tanto como levantar un imperio.
Y que ser joven es eso,
significa luchar por lo bello,
construir imperios de belleza,
inventar, imaginar, soñar.
Y nadie te superaba en la ficción
de vivir,
porque tú vivías la ficción de vivir.
Tu vida era ya una ficción de otra
que vivías a ciegas,
única y exclusivamente para ti,
para ese oscuro fabulador
que iba creciendo y madurando
y en ti se transformaba.

Amabas las mascaradas
y el lujo que se gasta en una noche

de fiesta,
con músicos y cortesanos
y el oro de los ricos fundiéndose
    en una simple mirada,
o en el breve fulgor
del fugitivo tintineo de unas monedas.


Te veo ahora en Milán, pincel en mano.
    Te pagan por pintar y pintas.
Pintas mujeres y vírgenes.
Rostros de fugaces cortesanas,
sonrisas ajenas, bocas que nunca besarás.
    Pintas *La última cena*
y modelas en barro un caballo.
Un enorme caballo que jamás
    podrás fundir
porque ha llegado la guerra.
Y la guerra necesita cañones.
Y los cañones se beben el bronce
    de tus sueños.


Y tienes que marcharte,
pero siempre tendrás que marcharte.
Tu sino es ser de ninguna parte,

vivir hoy aquí, mañana quién sabe.
Ir de un lado a otro rodeado de discípulos,
    Cesare, Boltraffio, Salaino,
jóvenes que a tu lado no aprendieron
    a crecer,
y que pintaban los cuadros que tú
    odiabas,
aburridos encargos de nobles
    y reyes
de los que huías como de la peste.
Tú no querías ser otro Verrocchio
y morir como él en la pobreza.
Lo tuyo eran los amplios salones,
    de los palacios,
la corte, el trato de tú a tú
    con el poder.
Y el poder se llamaba unas veces Ludovico,
    otras César Borgia.
Necesitabas esa vida
para poder vivir la otra,
la del artista, la del científico,
la del hombre solitario que eras,
    que siempre fuiste.

Y te veo viejo y enfermo.
Lejos de Vinci, lejos de Milán,
y lejos también de Florencia,
viviendo tus últimos días,
esos que son los decisivos,
    los que vale la pena vivir
para poner en orden los recuerdos,
    y para pensar
en todo lo que se ha hecho
y en lo que nunca se ha podido hacer.


Y estás ahí,
agonizando en una cama.
Y tal vez no hay nadie que te llore.

# EL PUENTE

«No hay reglas fijas».

KIRCHNER

KIRCHNER tenía razón: no hay reglas fijas.
Las únicas reglas son las que cada cual, siguiendo
    un vago y lejano modelo
—uno que quizás no pueda llamarse así
    porque no es otra cosa
que la idea remota de algo que no existe—,
    sigue de cerca
aunque sin saber por qué las sigue.

A esas reglas que no son reglas llamaremos *Die Brücke*,
    que en buen español significa «El Puente»,
uno por el que Kirchner y otros avanzaron,
    aunque sin saber adónde.

Y es cierto: en la vida de cualquier hombre
    aguarda siempre un puente.
Aunque no lo vea, lo tiene ahí,
    en sus narices.

A veces camina por encima de él
y se acoda a la herrumbrosa baranda
desde donde contempla las aguas
    de un lago imaginario.

Kirchner tenía razón:
somos el mismo hombre sobre un puente.
Y todos los puentes nos llevan al mismo sitio.
Y todos los sitios son idénticos
    al que buscaba el hombre
acodado a la herrumbrosa baranda.

Un hombre llamado Ernst Ludwig Kirchner,
    que un día nos dijo:
                    «No hay reglas fijas».

# TESTAMENTO DEL ARTISTA

«Engañoso es el corazón, más que todas las cosas…».

JEREMÍAS, 17. 9

TOMANDO en consideración
haber vivido como viven las estrellas.
Y que todo cuanto hice
no fue sino la sombra de cuanto quise hacer.
Y que la belleza –como el agua– sólo puede
    calmar la sed, mas no saciarla.
Y pensando,
pensando como siempre en todas las criaturas,
en las buenas, pero también en las malas.
Y en los radiantes bosques
    llenos de viento y luz.
Y viendo la impoluta pupila del mar,
el dibujo ondulante de las olas
    con su gélida espuma.
Y ya que todo es tan efímero,
ya que la carne se deshace con el tiempo,
    escribo:
No tengo nada que dejar a nadie,

acaso un puñado de papeles
con cientos de pequeños y tortuosos apuntes.
Y mis inventos, mis amados dibujos,
y unos cuadros que jamás concluí.
¿Qué haréis con todo eso?
¿A quién lo ofreceréis?
Presumo de haber sido un hombre caviloso.
Me invadió el sopor de la duda,
la eterna y consabida sed
que sólo un nigromante sabe cómo saciar.
Me acusaron de mago, de no ser bueno.
Pero siempre tuve monedas para ofrecer
    y aprendí de la naturaleza
lo que sólo de ella cabe esperar
    en silencio,
en la más pura y simple contemplación.
Mi verdadero tesoro es ese:
    saber
que abrí puertas polvorientas,
arcas enmohecidas
donde permanecía oculta la verdad.
Que descubrí
el misterio que engendra la luz.
Y que esa luz puede ser frágil,

demasiado frágil en manos de hombres
    sin amor.

Pero bien sé que no me escucháis.

Me escucharéis mañana,

cuando el tiempo –gran escultor–
talle mis palabras
en la corteza del viento y de la lluvia.

# PALABRAS DEL PINTOR OTTO DIX EN LA INAUGURACIÓN DE SU ÚLTIMA RETROSPECTIVA EN SU CIUDAD NATAL

## (1968)

PASEN, señores,
pasen y contemplen mis pinturas.
Son feas, pero yo no las hice
    para agradar a nadie.
No las pinté para que la gente
llorara de emoción delante de ellas.
Surgieron con otro propósito.
Con el oscuro propósito
de que al verlas sintieran miedo,
ese miedo que siente el soldado
ante la posibilidad de morir.
Y ese miedo, señores, ese miedo
    lo sentí yo muchas veces,
tantas que terminé acostumbrándome
a la idea de que tarde o temprano
alguna bala enemiga haría
impacto en mi fea cabeza.
Pero no teman y pasen.

Pasen para que vean de cerca
los campos de batalla
y sientan el hedor de la muerte.
   Pasen y toquen
las viejas y herrumbrosas alambradas
que cierran el paso a la tropa.
Y vean en el cielo nocturno las bengalas,
   y tras las bengalas
el largo y espantoso chillido
   del obús.


Por un instante al menos
sentid el horror que siente el soldado,
y padeced, al menos desde afuera,
   su angustia.
Esa dulce angustia que se siente
cada vez que el alto mando, sin piedad,
le ordena tomar por asalto
   una colina,
o conquistar a bayoneta calada
   alguna sucia trinchera.
O resistir a toda costa
diez horas de ablandamiento artillero.
Y después, con los pedazos

de lo que fuera un ejército,
    resistir
el empuje de una división acorazada.

Pasen señores,
entren en el Gran Circo de la Historia
    y vean al Hombre.
Véanlo con la máscara de gases
y en la mano una granada sin espoleta.
Obsérvenlo con los ojos desorbitados
    y la boca babeante,
incapaz de articular una palabra.
Así lo dibujé para ustedes,
para ustedes que nunca han visto
    un hospital
bajo el estallido incesante de los obuses,
ni han sentido el lento y pegajoso olor
    de la sangre
mezclado con formol.
Ni han almorzado jamás
escuchando sobre vuestras cabezas
el silbido de abeja de las balas.
Pasen señores:
No vaciléis ni temáis nada.
Y disfrutad del espectáculo, que es gratuito.

# ODA A FERNAND LÉGER

(Con sinfonía de martillos y taladros mecánicos)

CELEBRO las mujeres cúbicas y los hombres cilíndricos de Monsieur Fernand Léger.

Me siento deudor de su imaginería, de esos sueños futuristas con grúas y andamios que nadie mejor que él interpretó como si fuera un director de orquesta.

La línea gruesa y los planos en azul, rojo y amarillo retratan perfectamente qué hombre fue, y qué criatura vivió agazapada en su amable paleta.

Lo retratan mejor que un poema ruidista de Marinetti, y mejor aún que una arenga de Vladimiro Mayakovski en la Plaza Roja de Moscú.

En realidad, Monsieur Léger estaba lejos de las fantasmagorías ideológicas, de las odas y los cánticos a la guerra. La máquina que él pintaba no era para invadir una ciudad. Y sus ideas no estaban al servicio de la muerte.

Léger no era soldado ni político. Tampoco burgués.

Y aunque lo fuera, lo habría sido de la única forma en que puede serlo un artista, porque quizás le parecía absurdo un mundo para capitalistas o para obreros. Mundo exclusivo de ricachos o hambrientos.

Léger estaba donde debía estar, que era delante de un caballete, al margen de mítines y manifiestos, concentrado en mojar el pincel en los colores más puros. Porque lo único que le interesaba era la calma de los seres mínimos, la flor solemne de los atardeceres polícromos y el sol metálico de los días en que la gente regresa del trabajo.

Y es lo que vemos cuando alguien lo menciona.

Lo único que recordaremos cuando burgueses y proletarios se pongan de acuerdo para construir un mundo parecido al suyo.

# LA ÚLTIMA CENA

(1495-1497)

El día es calmo y la luz modela nuestros rostros.
Estamos sentados a la mesa: una mesa larga cubierta
     con un blanco y rústico mantel.
A mi siniestra el hermano Pedro quiere hablar; alza un
     dedo como para puntualizar algo,
     pero finalmente calla.
Junto a él está Juan, que abre los brazos como para
     entonar un himno.
Y detrás aparece Judas, con su lánguida mirada de vieja
     ramera.
A mi diestra están los otros hermanos: Bartolomé,
     Santiago, Andrés…

Y yo al centro, con mi túnica azul y roja,

las manos abiertas y esta mirada de Mesías, de cabra
     marcada para morir.
Con mi mejor voz les digo que uno de ellos

me traicionará, y todos al unísono, abren
desmesuradamente los ojos.

Pedro alza nuevamente el índice, pero termina por callar.

Santiago, en un rapto, vuelve a abrir los brazos, parece
como si quisiera abrazarme
o arrodillarse a mis pies.

Pero todo su afán se esfuma en un gesto, en una frase a
medias articulada.

Judas, en cambio, se toca el pecho con las manos,
inclina el cuerpo
y me mira con tristeza.

Pero detrás de tanta gestualidad, detrás de tanto
simulacro, sé muy bien lo que se esconde.

A mi lado se encuentra Magdalena.

Los hermanos no quieren a una mujer entre los
profetas.

Mas yo hago caso omiso y la sitúo junto a mí. La siento
respirar muy cerca,
sus manos cada vez más próximas a las mías,
y su olor de hembra envolviendo mis sentidos.

«¿Qué hace una mujer aquí?» –parece preguntar
Andrés–.

Yo lo miro y él comprende. Lee en mis ojos que ella
está donde estoy yo.

Y quien no lo acepte puede levantarse y largarse,
pues a nadie intento detener, a nadie impongo mi
	doctrina.

Y así aparecemos en el fresco.
Aunque casi deteriorado por la humedad, allí estamos,
	juntos, amándonos y odiándonos.
Y yo en el centro,
irradiando aún la poca luz de aquel día en que
	Leonardo nos pintara.

## DOS HOMBRES

(Autorretrato a lápiz, 2019, colección personal)


En mí combaten a muerte dos hombres:
uno que se parece cada vez menos
    al que fui
y otro que se parece cada vez menos
    al que soy.

# ALMA RUBENS EN EL TALLER DEL ARTISTA

*«Escultor: vengo a que esculpas mi estatua».*

José Manuel Poveda

Escultor: vengo a que esculpas mi estatua. No para que fijes en ella mis rasgos ni para que los embellezcas, sino para que me representes como soy.

Mientras me desnudo, toma un lápiz y dibújame.

Sé que estoy hecha para el placer. Pero no exaltes ese rasgo de mi anatomía. Dibuja sólo lo que permanece oculto.

Cuando suba a la tarima donde tantas mujeres han posado para ti, mírame con mis propios ojos. Y penetra con ellos en la carne, buscando, como Leonardo, un alma que no existe. Soy mujer con espíritu malsano. Una arpía de mirada dulce. Diosa del infierno.

Es lo que ansío que reflejes en la piedra para, después, colocar mi estatua en un pedestal, con velas que chisporroteen a su alrededor.

Pagaré bien por tu trabajo. No con dinero, sino con algo más deseable y que muchos ansían. Este cuerpo que reservo a quien lo sabe eternizar.

# A NUESTRO SEÑOR DE HAMELÍN

(Ilustración de la pintora Kate Greenaway)

SEÑOR de Hamelín,
cruel es la existencia, incluso para un ratón
    de grisáceo pelaje.
Ratones, al fin y al cabo, hay muchos.
Y habitan bajo tierra,
en los túneles
o en sigilosas alcantarillas
llenas de miasmas y vapores.

Tú, que recorres el mundo,
conoces a hombres y ratones.
Y sabes que a las buenas o malas
bailamos todos ante ti.
Basta con llevarte la flauta a los labios
    y soplar.
Una sola de tus notas
y del fondo de cada criatura
habrá de emerger un desconocido bailarín

que sin saber cómo,
dará un paso, luego otro,
hasta acabar pegando brincos
y chillidos de rata.

Si es tu voluntad,
todos bailamos al son de esa melodía.
Si es tu designio,
lo haremos sin descanso,
pues nada hay más parecido a un rata
 que ciertos hombres.
Y lo sabes mi señor.
Sabes muy bien que el alma
de unos y otros se parecen.
Y si éstos son dañinos,
aquéllos son peores, pues algo cruel los une,
algo sórdido los identifica.

Señor de Hamelín,
hermosa y terrible es la música
que escapa de tu flauta.
Entras con ella en las aldeas
infestadas de ratones
y los sacas del fondo de sus guaridas,

de la noche secreta de sus túneles.
Y nosotros,
que vivimos en los ciegos túneles
    de nuestra vida,
al oír tu flauta empezamos también
    a bailar
        y a chillar.

# AQUEL PUENTE

### 1. *LE PONT DE CHARING CROSS*
### (Claude Monet, 1899)

Un paisaje no es
lo que sólo con la mirada vemos.
Es también lo otro,
eso que existe y carece aún de nombre.
Paisaje y ser humano
a diario se entrelazan y conversan,
y a diario se odian o se aman.
En mis lienzos, he tocado el paisaje.
Hay algo en él que recuerda quien soy.
Y hay algo en mí que le pertenece,
una cierta manera de existir
y una cierta manera de entender
lo que de otro modo
resultaría incomprensible.
Ahora estoy delante de este puente:
sé que soy una parte de él

y una parte secreta de sus aguas.
Lo recorro y a la vez le hablo.
Le digo: puente, aquí estoy,
he venido a conocerte
y también a pintarte.
Me llevaré tu imagen,
la exhibiré en un cuadro.
Como las aguas que debajo de ti
corren y se alejan
haré que seas inmortal.
Así, cuando los ojos cierre,
volveremos a encontrarnos.
Justo aquí, donde mi pincel
hace mucho te copió.
Yo con mi sombrero,
tú con esas viejas y frías aguas
que minuto a minuto,
y día tras día,
siguen humedeciendo mi tela.

## 2. *Le pont de Charing Cross*
### (André Derain, 1906)

Frente a un puente
cualquiera vuelve a nacer.
Basta con que decida
hacer lo que jamás pudo o no quiso,
aquello que otros tampoco hicieron,
sentarse, por ejemplo, a observarlo.
Si no es sólo una pintura,
el puente abrirá su boca
para narrar toda su vida,
quién lo levantó y cuándo,
cuántos hombres y mujeres
pasan a diario por él,
y a cuáles de ellos
arrojarse a sus aguas ha visto.
Camino hacia lo eterno
es un puente sobre el agua tendido.
Obsérvame atravesarlo
solo, extraviado quizás
en una imagen que crepita.
En la invencible tarde
como fiera herida lo pinté.

Y como fiera dormida quedará
allí donde alguien lo vea.
Tú, que dices amar las cosas,
ten en cuenta que el hombre no muere.
Si es pintor o murmura versos
verás que siempre regresa
para seguir haciendo lo que sabe,
para volver a tocar
lo que algunos llaman infinito.

# ME LLAMO WATTS

«A una tela de Watts, pintada en 1886, debo "La casa de Asterión" y el carácter de su pobre protagonista».

Borges

ME llamo Watts y vivo una tarde: una de esas tardes victorianas en que el artista da rienda suelta a su locura. La mía consiste en pintar una bestia y lograr que ambos compartamos la misma sabiduría.

Soy Watts, George F. Watts, y sobre la tela va apareciendo la criatura, mitad hombre y mitad toro, que mira hacia la distancia. La he dibujado en un balcón, el mismo desde el que suelo contemplar el verano inglés, con sus luces opacas y sus fuegos umbríos.

Amarillos, rojos y tierras van conformando un cuerpo, la triste expresión de un rostro, la extraña ansiedad que ilumina sus pupilas.

Sé que dentro de un siglo habrá un hombre (uno al que no conoceré) que se inspirará en mi cuadro. Sueño con su cara y la percibo a veces junto a mí. Empuña un bastón de laca y con él se abre paso. Es un hombre viejo, ciego, y es poeta.

Abro los grandes ventanales de mi estudio y me dirijo una vez más al balcón donde he pintado a Asterión. Aspiro el olor del paisaje, la substancia que da vida a cada cosa, y pienso. Pienso que me parezco cada vez más a la bestia, a la pobre y desamparada criatura de mi cuadro.

# LA SAGRADA PERFECCIÓN*

> «Se precisa tiempo para vivir».
>
> ALBERT CAMUS, *La Muerte Feliz*

A mi edad, ningún hombre es el mismo hombre.

Otra es su circunstancia y su palabra. Otra su posible verdad.

Lo que una vez creyó dulce, por arte de birlibirloque en sabor insípido o amargo acaba. Y lo que un día le pudo parecer feo o despreciable, de repente –y sin que nadie sepa el porqué– resulta que era algo deseable y hasta sublime.

A mi edad lo nuevo no consiste en su novedad, ni lo viejo es viejo por añoso.

Ocurre como una inversión, un intercambio inevitable de sustancias.

Lo que fue noble –y no dudo que lo fuera– sufre una letal metamorfosis.

---

* Idea surgida a partir de un retrato a lápiz del pintor cubano Roberto Fabelo al autor del poema (La Habana, 1978).

Y lo que antes era (o parecía) falso, decadente o inhóspito, ahora, a mi edad, adquiere el inefable cariz de lo cierto y positivo.

No es cosa que exija una exhaustiva explicación, ni que merezca el esfuerzo de una tesis: digo sólo que lo que ayer amé puede que hoy me resulte indiferente.

Y que aquello que no estaba en mis cálculos –en mis ciegas expectativas– por extraño o doloroso que resulte es lo único que me acerca a la sagrada perfección.

# EL BAÚL

(Museo Rimbaud, Charleville)

*a Jean-Louis Forain (Gavroche), pintor y ami-*
*go del poeta que hizo su retrato en París, 1872.*
*A Henri Fantin-Latour, que también lo retra-*
*tó en* Coin de table *(1872).*

UN pantalón azul
y dos o tres sucias camisas,
mi pipa de madera
y un par de zapatos
con la suela gastada,
son cosas que guardé en este baúl.

Con él a cuestas recorrí Europa:
unas veces en tren,
otras sobre la cubierta de un barco
y también a pie.
A pie bajo el sol y la nieve
y a pie bajo la inclemente lluvia.
No es más que eso: un baúl.
Un viejo y miserable baúl

con remaches metálicos
y agarradera de cuero.

En compañía de ese baúl
aguardé muchas horas,
infinitas horas en las antiguas
estaciones ferroviarias.
O pernocté en hoteles
de escaleras crujientes
y olores nauseabundos.
O vi amanecer de cara al mar
mientras viajaba
del puerto de Ostende al de Dover,
o bien de Ámsterdam a Yakarta
y de Marsella hasta Nicosia.
Con mi baúl a rastras
recorrí los puertos del Mar Rojo
(Yeda, Massawa, Hodeida)
para desembarcar,
enfermo y sin un céntimo,
en el cráter lunar que es Adén,
y de Adén, marchar después hacia Harar,
y de Harar a El Cairo,
y desde allí nuevamente

hacia algún sitio lejano,
cada vez más lejano
y más inhóspito,
a pie o a lomo de camello
con un cielo infernal en la cabeza
y las pardas arenas a mis pies.

Poca cosa es un baúl,
pero un baúl puede ser un amigo,
cómplice de los secretos
que escondemos en su fondo.
El único que lee,
antes que puedan hacerlo otros,
los poemas y las cartas que uno escribe,
y el que aguarda a nuestro lado
la inminente llegada
o la inquietante partida
hacia un nuevo y desconocido destino.

Sólo él supo
a quién amé y a quién odié.
Oyó mis sollozos,
mis inevitables maldiciones.
Y, quizás, si los objetos tienen alma,

habrá sentido piedad
hacia los tantos hombres que fui:
el joven y desmelenado poeta,
el solitario vagabundo,
el soldado desertor
y el traficante de armas.

Sólo mi baúl y Dios me conocen.

Porque yo, Jean Nicolas Arthur
nacido en Charleville
y fallecido en Marsella,
a pesar de mis largas caminatas
y mis viajes incesantes por el mundo,

jamás he logrado saber quién soy.

# ÍNDICE

Prólogo de *José Manuel García Gil* . . . . . . . . . 7

### ELOGIO DEL ARTISTA

Muchacha del fayum . . . . . . . . . . . . . . 23
Maîtres de la peinture . . . . . . . . . . . . . 25
Guerrero de riace . . . . . . . . . . . . . . . 27
Para escribirlo en la tumba de un pintor . . . . . 29
Jardín de las delicias . . . . . . . . . . . . . 31
Crónica militar . . . . . . . . . . . . . . . . 32
Parte de guerra . . . . . . . . . . . . . . . . 34
La alegría de vivir . . . . . . . . . . . . . . 36
A la manera de los antiguos . . . . . . . . . . . 38
Defensa de Jacquemin . . . . . . . . . . . . . . 40
Prostituta . . . . . . . . . . . . . . . . . . 42
En busca de Edvard Munch . . . . . . . . . . . . 44
Elogio del artista . . . . . . . . . . . . . . . 46
Por Toulouse-Lautrec . . . . . . . . . . . . . . 48
Notas del encuentro de dos viejos amigos con fondo
    de ciudad . . . . . . . . . . . . . . . . . . 50

Retrato de Lidia Delektorskaia pintado por Matisse    52

Retrato de los esposos Arnolfini y otras

     consideraciones . . . . . . . . . . . . . 54

Juegos infantiles . . . . . . . . . . . . . . 56

La ronda de los enanos . . . . . . . . . . . . 58

La libertad conduce al pueblo . . . . . . . . . 64

Caritas sonrientes . . . . . . . . . . . . . . 66

Reflexiones en azul . . . . . . . . . . . . . 70

Propiedades del Lapislázuli . . . . . . . . . . 72

Discurso del sobreviviente . . . . . . . . . . 74

Willendorf . . . . . . . . . . . . . . . . . 77

La mano que pinta . . . . . . . . . . . . . . 81

Discurso del pintor de la corte . . . . . . . . 83

Destellos metálicos . . . . . . . . . . . . . 86

Reflexiones de James Ensor . . . . . . . . . . 88

La gran ola . . . . . . . . . . . . . . . . . 91

Tentaciones . . . . . . . . . . . . . . . . . 92

La rendición de Breda . . . . . . . . . . . . 95

Criaturas . . . . . . . . . . . . . . . . . . 97

Palabras sobre la necesidad del arte . . . . . . 99

Reflexión en torno al Beso de Judas . . . . . . 103

Lectura y reflexión de la obra de Dionysius . . . 104

Jesús con la Cruz a Cuestas *Hieronymus Bosch* . . . 106

Discurso del hacedor . . . . . . . . . . . . . 109

Barco constructivo «América» . . . . . . . . . 111

Dos testimonios . . . . . . . . . . . . . . . 113

Cuerpo de Ofelia . . . . . . . . . . . . . . . 116

Blanco y negro . . . . . . . . . . . . . . . . 118

Misterios . . . . . . . . . . . . . . . . . 121

Buscando el rostro de Judas . . . . . 122

De Leonardo a su hijo adoptivo y aprendiz de pintor 125

Reflexiones de Maese Leonardo da Vinci . . . . . 128

Oda a la mano zurda . . . . . . . . . 129

Leonardo dibuja un paisaje . . . . . . . 131

Del punto y la línea . . . . . . . . . . . 132

Figuras de caballos . . . . . . . . . 133

Labios . . . . . . . . . . . . . . . . 134

El pasado de la piedra . . . . . . . . . 135

Biografía . . . . . . . . . . . . . 138

El puente . . . . . . . . . . . . . . 144

Testamento del artista . . . . . . . . . 146

Palabras del pintor Otto Dix en la inauguración de
   su última retrospectiva en su ciudad natal (1968) 149

Oda a Fernand Léger . . . . . . . . . 152

La Última Cena (1495-1497) . . . . . . . . 154

Dos hombres . . . . . . . . . . . . 157

Alma Rubens en el taller del artista . . . . . . 158

A nuestro señor de Hamelín . . . . . . . 159

Aquel puente . . . . . . . . . . . . 162

Me llamo Watts . . . . . . . . . . . 166

La sagrada perfección . . . . . . . . 168

El baúl . . . . . . . . . . . . . . . 170

*Elogio del artista.*
*Antología poética*
de José Pérez Olivares
se terminó de imprimir
el 16 de junio de 2025